全国职业培训推荐教材
人力资源和社会保障部教材办公室评审通过
适合于职业技能短期培训使用

钢筋工基本技能

（第二版）

中国劳动社会保障出版社

图书在版编目(CIP)数据

钢筋工基本技能/朱军主编. —2 版. —北京：中国劳动社会保障出版社，2010

ISBN 978 - 7 - 5045 - 8219 - 5

Ⅰ. 钢…　Ⅱ. 朱…　Ⅲ. 建筑工程 - 钢筋 - 工程施工 - 基本知识　Ⅳ. TU755. 3

中国版本图书馆 CIP 数据核字(2010)第 030784 号

中国劳动社会保障出版社出版发行

(北京市惠新东街 1 号　邮政编码:100029)

出 版 人: 张梦欣

*

郑州市运通印刷有限公司印刷装订　新华书店经销

850 毫米 × 1168 毫米　32 开本　4. 125 印张　100 千字

2010 年 2 月第 2 版　2022 年 12 月第 22 次印刷

定价: 8. 00 元

营销中心电话:400 - 606 - 6496

出版社网址:http://www. class. com. cn

前言

职业技能培训是提高劳动者知识与技能水平、增强劳动者就业能力的有效措施。职业技能短期培训能够在短期内使受培训者掌握一门技能，达到上岗要求，顺利实现就业。

为了适应开展职业技能短期培训的需要，促进短期培训向规范化发展，提高培训质量，中国劳动社会保障出版社组织编写了职业技能短期培训系列教材，涉及二产和三产百余种职业（工种）。在组织编写教材的过程中，以相应职业（工种）的国家职业标准和岗位要求为依据，并力求使教材具有以下特点：

短。教材适合15～30天的短期培训，在较短的时间内，让受培训者掌握一种技能，从而实现就业。

薄。教材厚度薄，字数一般在10万字左右。教材中只讲述必要的知识和技能，不详细介绍有关的理论，避免多而全，强调有用和实用，从而将最有效的技能传授给受培训者。

易。内容通俗，图文并茂，容易学习和掌握。教材以技能操作和技能培养为主线，用图文相结合的方式，通过实例，一步步地介绍各项操作技能，便于学习、理解和对照操作。

这套教材适合于各级各类职业学校、职业培训机构在开展职业技能短期培训时使用。欢迎职业学校、培训机构和读者对教材中存在的不足之处提出宝贵意见和建议。

人力资源和社会保障部教材办公室

简介

本书主要内容包括：钢筋工职业介绍，钢筋图的识图，钢筋在混凝土中的作用、构造要求、分类、验收保管，钢筋加工过程以及安全文明施工。通过本书的学习，培训学员能够从事钢筋工岗位的基本工作。

本书在编写过程中按照行动导向的职业培训理念，围绕钢筋工的工作内容来构建教材结构，首先介绍了有关钢筋工的基本知识，根据工作任务需要补充相应的钢筋图的识图以及在混凝土中的作用及结构要求等理论知识，使学员形成对具体工作的完整认识。然后针对钢筋加工过程的具体内容进行了讲解，最后详细介绍了安全文明施工。本书采用了大量工程实例进行知识点的讲解，不仅适合各类培训机构开展短期培训使用，也可供钢筋工从业人员自学与参考。

本书由朱军主编，石希峰、李群、陈英、高翔参编，王勤主审。

目录

第一单元　职业介绍

一、职业工作内容

钢筋工是指使用工具及机械对钢筋进行除锈、调直、连接、切断、成型，安装钢筋骨架的人员。该职业要求从业者手指、手臂灵活，具有较好的身体素质。

二、职业技能要求

1. 钢筋工必须取得国家职业资格证书

职业技能鉴定是国家职业资格证书制度的重要组成部分，是一项对劳动者职业技能水平的考核活动。它是由考试考核机构对劳动者从事某种职业所应掌握的技术理论知识和实际操作能力做出的客观测试和评价。开展职业技能培训鉴定，是提高劳动者素质，促进可持续发展的重要措施。通过开展职业技能培训鉴定，可以为劳动者自主择业和用人单位自主用人提供客观公正的职业技能凭证。

2. 钢筋工基础知识

（1）建筑识图基本知识。

1）识图和建筑构造的基本知识。能够看懂建筑工程施工图样，更主要是要理解结构施工图样，能够严格执行国家标准。

2）识读钢筋混凝土结构图例符号。能够按图样要求、设计人员意图进行钢筋翻样、钢筋配料和骨架成型操作。

3）识读常规钢筋混凝土构件的钢筋结构施工图样。能够按图样要求、施工规范、操作规程进行钢筋绑扎成型操作。

（2）钢筋材料。

1）品种、性能、规格、型号知识。

2）验收与保管知识。

（3）常用钢筋加工的机具使用和保养知识。

（4）建筑力学和钢筋混凝土结构常识。

（5）安全生产知识。

（6）相关法律、法规知识。

1）建筑法的相关知识。

2）劳动法的相关知识。

三、工作环境

《中华人民共和国安全生产法》第十九条指出，矿山、建筑施工单位和危险物品的生产、经营、储存单位，应当设置安全生产管理机构或者配备专职安全生产管理人员。建筑施工单位所管理的施工现场是高风险环境。

建筑施工行业的主要特点如下：

1. 产品形式多样

因各行各业的需要，建筑产品在结构、外形等方面差异很大。建筑施工单位所采用的施工方法也将变化较大。

2. 产品位置固定

由于在室外作业，施工进展不断流动，作业条件时刻变换，不安全因素较多。

3. 建筑结构复杂

建筑施工必须是多工种、多单位相互交叉配合施工，施工组织设计方案复杂。

4. 工期长

施工人员在露天环境中作业，受季节性的自然条件的影响大，因而工期长。

各级施工管理人员、工程技术人员必须熟悉与建筑施工有关的法律、法规、规范等，各工种工人必须熟悉本工种的安全技术操作规程。

四、职业守则

1. 爱岗敬业、努力学习。
2. 遵章守纪、安全生产。
3. 尊师爱徒、精心操作。
4. 钻研技术、勇于创新。

第二单元　钢筋图的识图

模块一　施工图的分类和钢筋图的一般表示方法

一、施工图的分类

建筑施工图是一种能够准确表达建筑物的外形轮廓、大小尺寸、结构形式、构造方法和材料做法的图样。根据专业分工的不同，一套施工图根据专业分工的不同，可分为：

1. 建筑施工图（简称建施）

建筑施工图主要表达建筑物的外部形状、内部布置、装饰构造、施工要求等，一般由首页图、总平面图、建筑平面图、立面图、剖面图和建筑详图组成。

2. 结构施工图（简称结施）

结构施工图主要表达承重结构的构件类型、布置情况以及构造做法等，主要由结构设计总说明、基础平面图、基础详图、楼层及屋盖结构平面布置图、楼梯结构图和结构构件详图等组成。

3. 设备施工图（简称设施）

设备施工图主要表达房屋各专用管线和设备布置及构造等情况，由给水排水、采暖通风、电气照明等设备的平面布置图、系统图、详图和其说明等组成。

二、结构施工图的有关规定

1. 常用构件代号

在结构施工图中，需要注明构件的名称时，常采用代号表示。常用构件代号用各构件名称的汉语拼音的第一个字母表示，表 2—1 是 GB/T 50105—2001《建筑结构制图标准》的规定，它是绘制施工图的依据，也是施工人员理解和实施施工图的依据。

表 2—1　　　　常用构件代号

序号	名称	代号	序号	名称	代号
1	板	B	22	托架	TJ
2	屋面板	WB	23	天窗架	CJ
3	空心板	KB	24	框架	KJ
4	槽形板	CB	25	钢架	GJ
5	折板	ZB	26	支架	ZJ
6	密肋板	MB	27	柱	Z
7	楼梯板	TB	28	基础	J
8	盖板或沟盖板	GB	29	设备基础	SJ
9	挡雨板或檐口板	YB	30	桩	ZH
10	墙板	QB	31	柱间支撑	ZC
11	天沟板	TCB	32	垂直支撑	CC
12	梁	L	33	水平支撑	SC
13	屋面梁	WL	34	梯	T
14	吊车梁	DL	35	雨篷	YP
15	圈梁	QL	36	阳台	YT
16	过梁	GL	37	梁垫	LD
17	连系梁	LL	38	预埋件	M
18	基础梁	JL	39	天窗端墙	TD
19	楼梯梁	TL	40	钢筋网	W
20	檩条	LT	41	钢筋骨架	G
21	屋架	WJ			

2. 常用钢筋符号

钢筋按其强度和品种分成不同的等级，并用不同的符号表示，一般采用下列符号表示：

Φ——Ⅰ级钢筋，HPB235

Φ——Ⅱ级钢筋，HRB335

Φ——Ⅲ级钢筋，HRB400

3. 一般钢筋图例

常用钢筋图例见表 2—2。

表 2—2　　　　常用钢筋图例

序号	名称	图例	说明
1	钢筋横断面		
2	无弯钩的钢筋端部	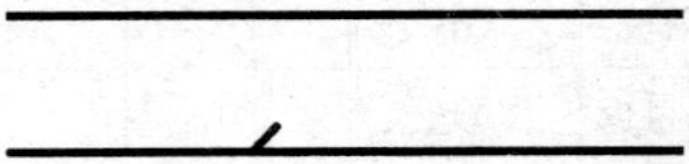	下图表示长、短钢筋投影重叠时，短钢筋的端部用 45°斜划线表示
3	带半圆弯钩的钢筋端部		
4	带直钩的钢筋端部		
5	带丝扣的钢筋端部		
6	无弯钩的钢筋搭接		
7	带半圆弯钩的钢筋搭接		

续表

序号	名称	图例	说明
8	带直钩的钢筋搭接		
9	花篮螺钉钢筋接头		
10	机械连接的钢筋接头		用文字说明机械连接的方式（或冷挤压或锥螺纹等）

4. 钢筋的名称

配置在混凝土构件中的钢筋，按其作用和位置不同可分为以下几种，如图 2—1 所示。

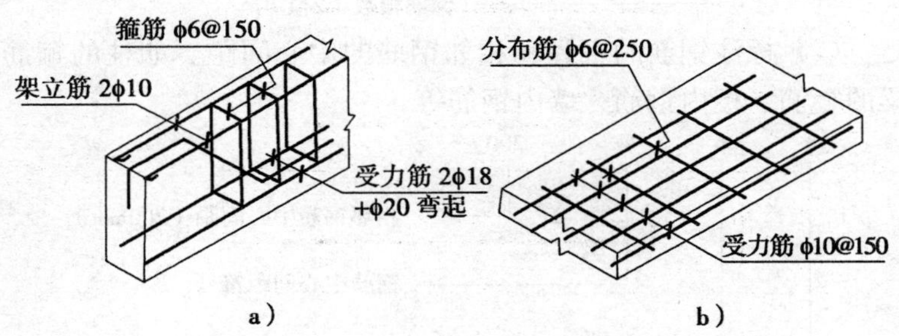

图 2—1　构件中钢筋的名称

a）梁内配筋　b）板内配筋

（1）受力筋。它是根据结构计算确定的主要受力钢筋。配置在受拉区的叫做受拉钢筋，配置在受压区的叫做受压钢筋。

（2）箍筋。大多用于柱、梁中，主要承受剪力和扭矩作用，并通过绑扎或焊接与其他钢筋一起形成钢筋骨架。

(3) 架立筋。在梁内与受力筋、箍筋一起共同形成梁的钢筋骨架。受压区配置的纵向受压钢筋可兼做架立筋。

(4) 分布筋。用于板内，其方向与板内受力筋垂直，并固定受力筋的位置。

(5) 构造筋。因构造和施工的需要在构件内设置的钢筋，如预埋锚固筋、腰筋、吊环等。

5. 钢筋的标注

钢筋的直径、根数及相邻钢筋中心距在施工图中一般采用引出线方式标注，其标注形式有下面两种：

(1) 标注钢筋的根数和直径。如柱的纵向钢筋、梁的受力筋和架立筋等。

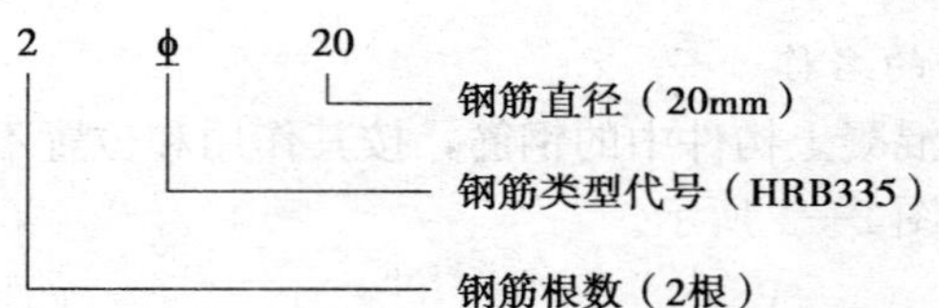

(2) 标注钢筋的直径和相邻钢筋的中心间距。如柱的箍筋、梁的箍筋、板内钢筋、墙内钢筋等。

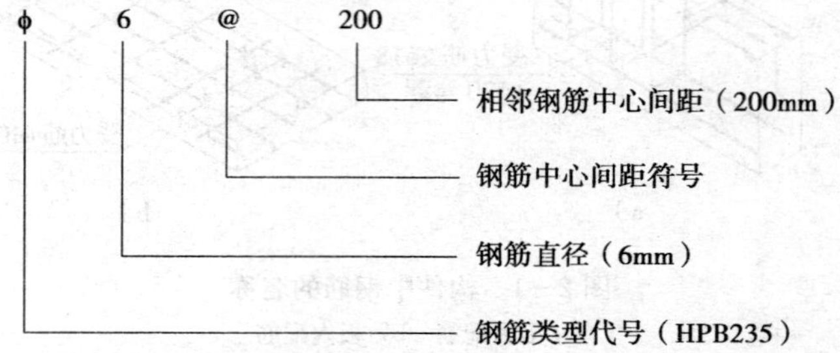

6. 钢筋混凝土构件详图的表示方法

钢筋混凝土构件详图一般包括模板图、配筋图及钢筋表。

模板图也称外形图，较复杂的构件绘制模板图便于模板的制作和安装。配筋图包括立面图、断面图和钢筋详图，主要表示构件内部各种钢筋的位置、直径、形状和数量等。对于较复杂的钢筋混凝土构件，构件详图中列有钢筋表，以计算钢筋用量。

现实中，我们只能看见钢筋混凝土构件的外形，构件内部配置的钢筋是看不见的。为了清楚地表示构件内部配置钢筋的情况，我们假想混凝土为透明体，这样构件中的钢筋在施工图中就可以绘制出来，绘有钢筋的构件详图称为构件的配筋图。在配筋图中，为了突出钢筋的配置情况，建筑结构制图中规定，把钢筋画成中粗实线，构件的外形轮廓线画成细实线，构件断面图中钢筋的截面画成黑圆点，如图 2—3、图 2—6 所示。

为了避免构件内的钢筋发生混乱，方便看图，构件中的钢筋都要统一编号，同一编号的钢筋，它的长度、形状、直径、级别等完全相同，在立面图和断面图中钢筋的编号要一致。

7. 现浇钢筋混凝土构件平面整体表示方法

混凝土结构施工图平面整体表示方法（简称平法）是我国目前混凝土结构施工图设计表示方法的重大改革。平法的表达形式，概括来讲，是把结构构件的尺寸和配筋，按照平法制图规则，直接注明在各类构件的结构平面布置图上或相应的图表中，再与平法标准构造详图相结合，即构成一套完整的结构施工图。

在平面布置图上表示各构件尺寸和配筋的方式，有平面注写方式、列表注写方式和截面注写方式三种，例如，柱的平面整体表示法（简称柱平法）施工图可采用列表注写或截面注写方式，梁的平面整体表示法（简称梁平法）施工图可采用平面注写方式或截面注写方式。

按照平法设计绘制结构施工图时，应将所有柱、墙、梁构件进行编号，并用表格或其他方式注明各结构层楼（地）面标高、结构层高及相应的结构层号。例如图 2—7 中左边的表“结构层楼面标高　结构层高”所示，首层楼面的结构标高为－0.030 m，首层的结构层高为 4.5 m；第六层楼面的结构标高为 19.470 m。常见构件的代号如下：

(1) 柱

框架柱	KZ
框肢柱	KZZ
芯柱	XZ
梁上柱	LZ
剪力墙上柱	QZ

(2) 梁

楼层框架梁	KL
屋面框架梁	WKL
框支梁	KZL
非框架梁	L
悬挑梁	XL
井字梁	JZL

8. 保证钢筋与混凝土之间黏结作用的措施

钢筋和混凝土是两种不同性质的材料，在钢筋混凝土结构中之所以能共同工作，是因为钢筋表面与混凝土之间存在黏结力。在结构设计中，常常在材料选用和构造方面采取一些措施，以使钢筋和混凝土之间具有足够的黏结力。这些措施包括选择适当的混凝土强度等级、保证有足够的混凝土保护层厚度和钢筋间距、保证受力钢筋有足够的锚固长度、采用变形钢筋或在光面钢筋端部设置弯钩、钢筋绑扎接头保证有足够的搭接长度等。

(1) 钢筋的锚固长度。在钢筋混凝土构件中，某根钢筋若要发挥它在某个截面的强度，则必须从该截面向前延伸一个长度，以借助该长度上钢筋与混凝土的黏结力把钢筋锚固在混凝土中，这一长度称为锚固长度。如图 2—2 所示。

(2) 钢筋的接头。在施工中，常常会出现因钢筋长度不够而需要接长的情况。钢筋的连接形式有绑扎连接、焊接和机械连接。因多种原因，钢筋连接处是钢筋受力较薄弱的部位，所有钢筋连接的接头形式和搭接长度应满足规范规定的要求，钢

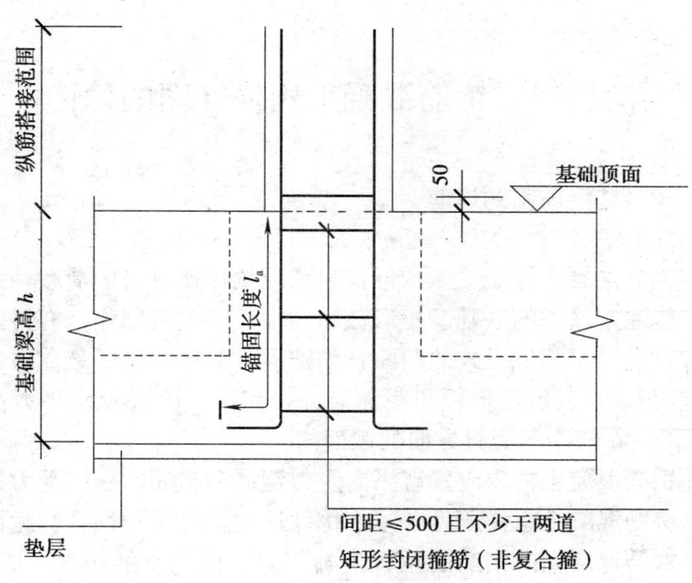

柱插筋锚固示例（基础梁底与基础板底在一个平面）

图 2—2 锚固示例

筋搭接范围内的箍筋也应按规定采用较小的箍筋间距，如图 2—3 所示。

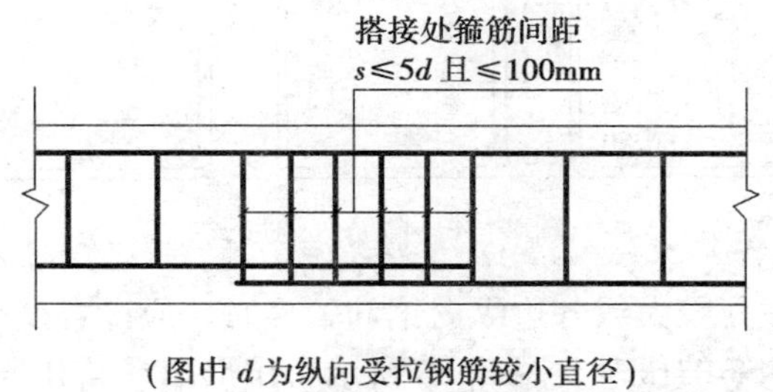

（图中 d 为纵向受拉钢筋较小直径）

图 2—3 受拉钢筋搭接处箍筋设置

模块二　钢筋混凝土构件详图的识读

一、柱钢筋图的识读

1. 一般规定

钢筋混凝土柱是受压构件，它承受梁传递过来的荷载，并将荷载传递给柱下的基础。矩形截面的柱便于模板制作，有特殊要求时，也采用其他形式的截面，如圆形、T 形、L 形等。施工图中常用 $b \times h$ 表示矩形柱的截面尺寸，其中 b 值表示水平方向的截面宽，h 值表示竖直方向的截面高。

钢筋混凝土柱内设置有纵向受力钢筋和箍筋，纵向受力钢筋可以协助混凝土承受压力，减小构件尺寸，防止构件突然脆性破坏；箍筋保证纵向钢筋的位置正确，防止纵向钢筋压弯，因此，柱周边箍筋应做成封闭式。箍筋的弯钩形式有 135°、180°、90°，如图 2—4 所示，柱箍筋末端应做成 135°弯钩，弯钩端头直段长度应满足规定的值。

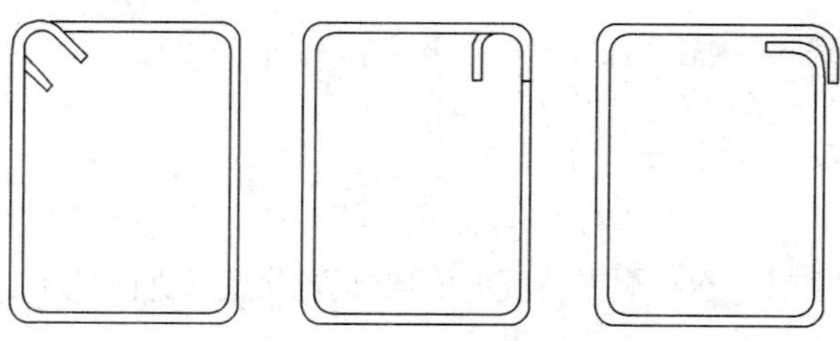

图 2—4　箍筋弯钩形式

当柱截面较大或各边纵向钢筋较多时，应设置复合箍筋，以防止中间钢筋被压弯。图 2—5 所示为矩形箍筋的几种复合方式。

2. 柱平法施工图的识读

柱平法施工图可采用列表注写方式或截面注写方式表示。这里仅介绍柱平法施工图中的截面注写方式。

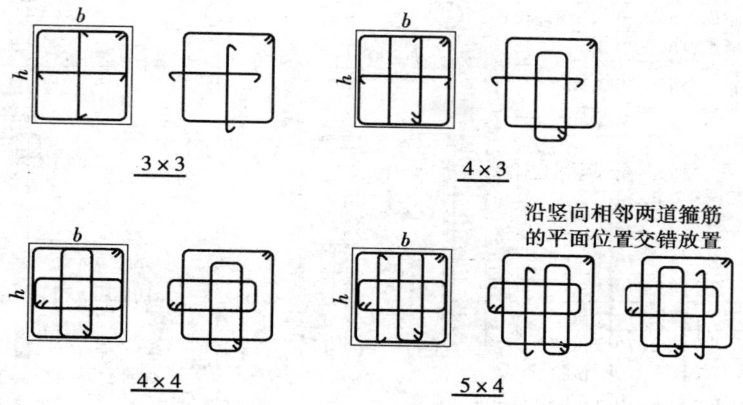

图 2—5 矩形箍筋的复合方式示例

截面注写方式是在分标准层绘制的柱平面布置图上，分别在同一编号的柱中选择一个截面，并将此截面在原位放大，以便直接注写截面尺寸和配筋具体数值，如图 2—6 中的 KZ1。下面以图 2—6 为例，说明采用截面注写方式表达柱平法施工图的内容。

从图 2—6 中柱的编号可知，LZ1 表示梁上柱，KZ1、KZ2 表示框架梁。

(1) LZ1 柱旁标注的含义。

LZ1——梁上柱，编号为 1。

250×300——柱 LZ1 的截面宽为 250 mm，截面高为 300 mm。

6Φ16——表示柱周边均匀对称布置 6 根直径为 16 mm 的Ⅱ级钢筋。

Φ8@200——表示柱内箍筋为 8 mm，Ⅰ级钢筋，间距为200 mm，均匀布置。

(2) KZ1 标注的含义。

KZ1——框架柱，编号为 1。

650×600——框架柱 KZ1 的截面宽为 650 mm，截面高为 600 mm。

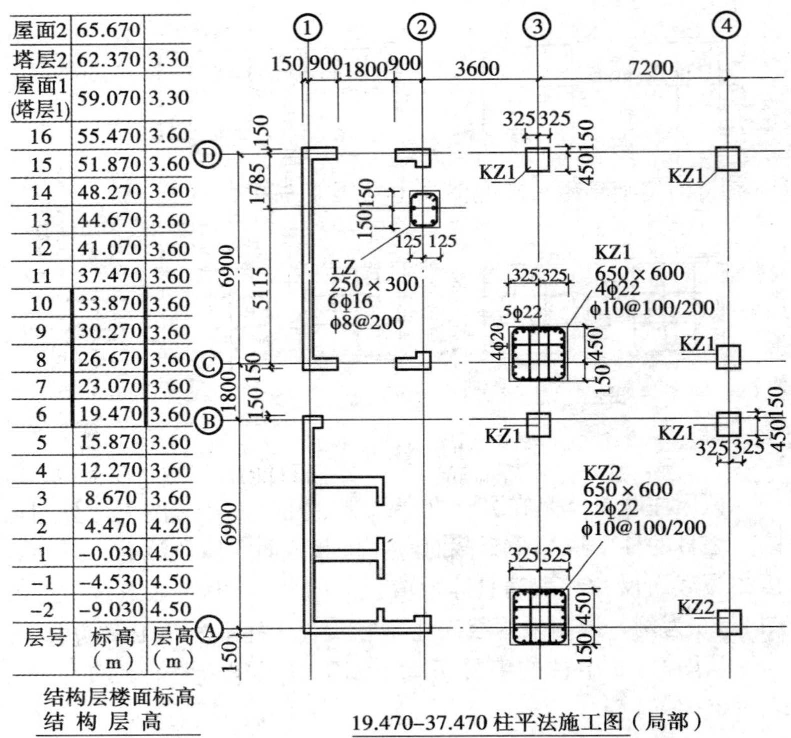

层号	标高（m）	层高（m）
屋面2	65.670	
塔层2	62.370	3.30
屋面1（塔层1）	59.070	3.30
16	55.470	3.60
15	51.870	3.60
14	48.270	3.60
13	44.670	3.60
12	41.070	3.60
11	37.470	3.60
10	33.870	3.60
9	30.270	3.60
8	26.670	3.60
7	23.070	3.60
6	19.470	3.60
5	15.870	3.60
4	12.270	3.60
3	8.670	3.60
2	4.470	4.20
1	−0.030	4.50
−1	−4.530	4.50
−2	−9.030	4.50

结构层楼面标高
结构 层 高

图 2—6　柱平法施工图截面注写方式示例

4Φ22——在柱的四角布置的纵向受力钢筋为Ⅱ级钢筋，直径为 22 mm。

Φ10@100/200——表示柱内箍筋为 10 mm，Ⅰ级钢筋，加密区的间距为 100 mm，非加密区的间距为 200 mm。箍筋形式为矩形复合箍 4×4。

5Φ22——表示柱截面 b 边中部布置的纵向受力钢筋为Ⅱ级钢筋，直径为 22 mm，每一个 b 边均匀布置 5 根。

4Φ20——表示柱截面 h 边中部布置的纵向受力钢筋为Ⅱ级钢筋，直径为 20 mm，每一个 h 边均匀布置 4 根。

二、梁钢筋图的识读

梁内钢筋根据钢筋所起的作用不同，有受力钢筋、弯起钢筋、箍筋、架立钢筋等。

配置在受拉区的纵向受力钢筋主要用来承受拉力，受压区的纵向受力钢筋则是用来补充混凝土受压能力的不足。

弯起钢筋在跨中是纵向受力钢筋的一部分，在靠近支座的弯起段则作为受剪钢筋的一部分。梁平法施工图表示中不配置弯起钢筋，其斜截面的抗剪由加密箍筋来承担。

箍筋可以承受剪力、通过绑扎或焊接把其他钢筋联系在一起，形成钢筋骨架。箍筋的形式可分为开口式和封闭式两种，如图 2—7 所示。图 2—7a、图 2—7b、图 2—7c 所示为封闭式箍筋，图 2—7d 所示为开口箍筋，开口箍筋只能用于无振动荷载且计算不需要配置纵向受压钢筋的现浇 T 形梁的跨中部分，除此以外，均应采用封闭式箍筋。当梁的截面宽度尺寸较大或纵向受压钢筋根数较多时，应采用复合箍筋，如图 2—7c 所示。箍筋应有良好的锚固，其端部应采用 135°弯钩，弯钩端头直段长度应满足规定的值。

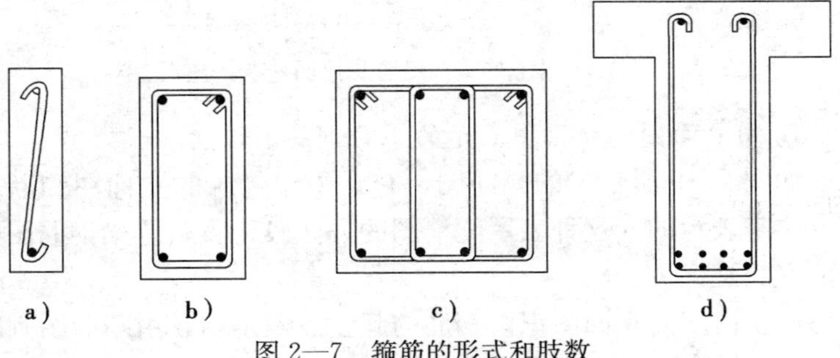

图 2—7 箍筋的形式和肢数

a）单肢箍 b）双肢箍 c）四肢箍 d）开口箍

架立钢筋主要用来固定箍筋位置，以形成梁的钢筋骨架，并防止梁表面发生裂缝。架立钢筋一般设置在梁的受压区外缘两侧，并平行于纵向受力钢筋。受压区配置的纵向受压钢筋可兼做架立钢筋。

当梁的腹板高度 $h_w \geqslant 450$ mm 时，应在梁的两侧沿高度配置纵向构造钢筋及腰筋，并用拉筋固定，如图 2—8 所示。拉筋直径一般与箍筋相同，间距常取箍筋间距的两倍。

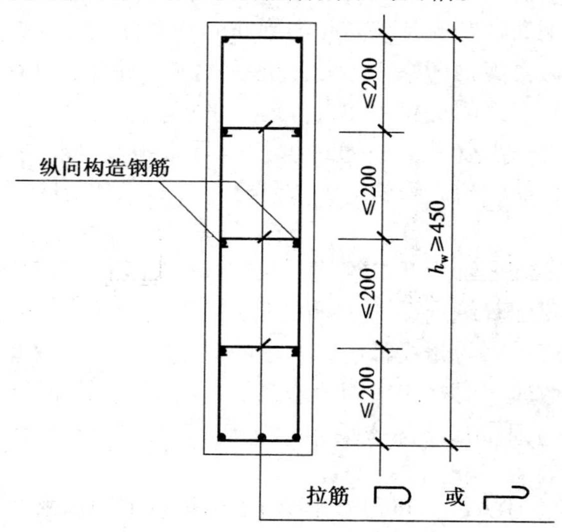

图 2—8　腰筋及拉筋

1. 用立面图、断面图表示的梁的钢筋图识读

如图 2—9 所示梁的配筋图，它是采用传统的立面图和断面图方法来表示的，这种表示配筋图的方法较为直观。梁钢筋图的识读方法是：

（1）由配筋立面图识读钢筋的起止点及走向，由断面图判断纵筋的位置、直径、根数和箍筋的直径、间距等。

（2）结合立面图、断面图按钢筋编号顺序逐一进行，每一编号的纵向钢筋从其位置、直径、根数、级别、走向、有无弯钩等特征去识读；而箍筋则应明确其直径、间距。

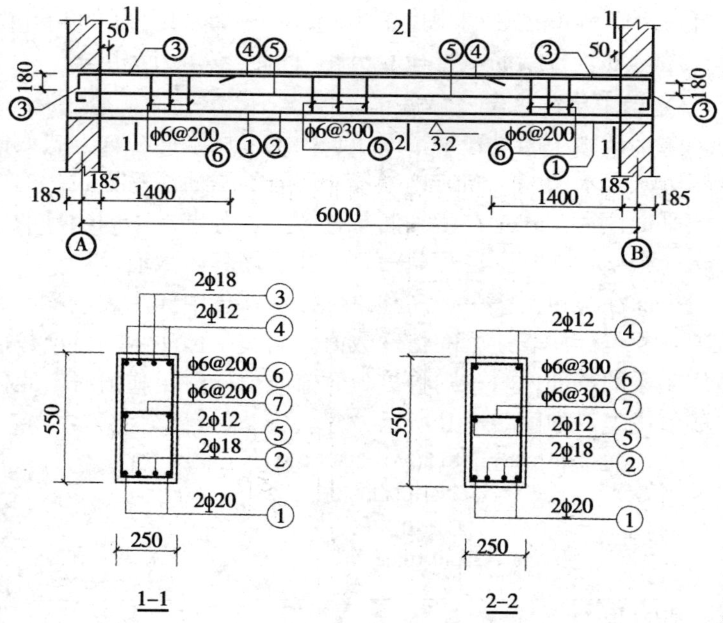

图 2—9　现浇钢筋混凝土梁 L1 配筋图

根据上述方法，可以看出梁 L1 中配有下列钢筋：

①号筋。受拉钢筋，2 根直径为 20 mm 的Ⅱ级钢筋，布置在梁底部两侧。

②号筋。受拉钢筋，2 根直径为 18 mm 的Ⅱ级钢筋，布置在梁底部中间。

③号筋。梁支座上部纵筋，2 根直径为 18 mm 的Ⅱ级钢筋，布置在梁支座上部的中间，其长度为深入梁跨内 1 400 mm。

④号筋。架立钢筋，2 根直径为 12 mm 的Ⅱ级钢筋，布置在梁上部两侧。

⑤号筋。梁腰部侧向构造筋，2 根直径为 12 mm 的Ⅰ级钢筋，布置在梁中部两侧。

⑥号筋。闭口双肢箍筋，直径为 6 mm 的Ⅰ级钢筋，距两侧

支座 1 400 mm 范围内间距为 200 mm，中部间距为 300 mm。

⑦号筋。拉结筋，直径 6 mm，间距与⑥号筋相同。

2. 梁平法施工图的识读

梁平法施工图是在梁平面布置图上采用平面注写方式或截面注写方式表示的施工图。这里仅介绍梁的平面注写方式。

平面注写方式是在梁平面布置图上，分别在不同编号的梁中各选一根梁，在其上注写截面尺寸和配筋具体数值。

平面注写包括集中标注和原位标注，集中标注表达梁的通用数值，原位标注表达梁的特殊数值。当集中标注中的某项数值不适用于梁的某部位时，则将该项数值原位标注，施工时，原位标注取值优先，如图 2—10 所示。

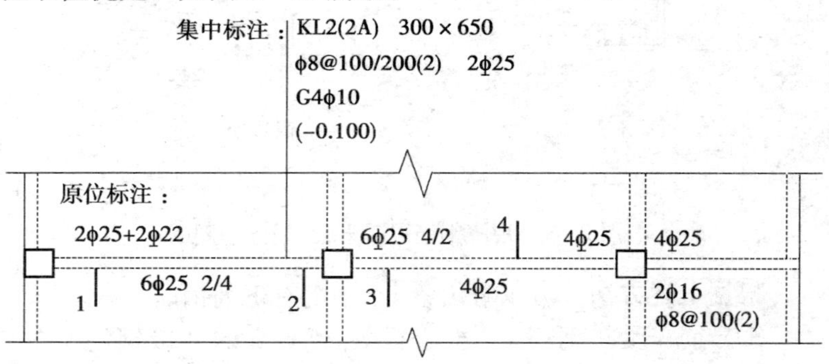

图 2—10 梁平面注写方式示例

图 2—11 所示的 4 个梁截面是采用传统表示方法绘制的，用于对比按平面注写方式表达的同样内容。实际采用平面注写方式表达时，不需要绘制梁截面配筋图和图 2—10 中的相应截面号。

（1）梁的集中标注。

梁的集中标注可从梁的任意跨引出，其内容包括下列五项必注值及一项选注值。

1）梁编号，该项为必注值。它由梁类型代号、序号、跨数

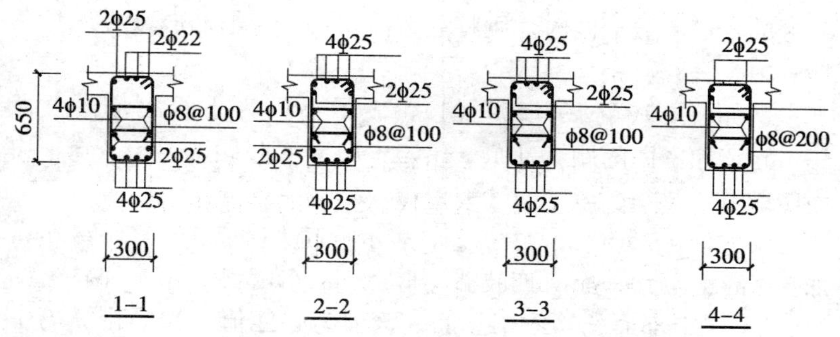

图 2—11　梁的截面配筋图

及有无悬挑代号几项组成，应符合表 2—3 的规定。

表 2—3　　　　　　　　梁编号

梁类型	代号	序号	跨数及是否带有悬梁
楼层框架梁	KL	××	(××)、(××A) 或 (××B)
屋面框架梁	WKL	××	(××)、(××A) 或 (××B)
框支梁	KZL	××	(××)、(××A) 或 (××B)
非框支梁	L	××	(××)、(××A) 或 (××B)
悬挑梁	XL	××	
井字梁	JZL	××	(××)、(××A) 或 (××B)

注：(××A) 为一端有悬挑，(××B) 为两端有悬挑，悬挑不计入跨数。

例如，KL7 (5A) 表示第 7 号框架梁，5 跨，一端有悬挑；L9 (7B) 表示第 9 号非框架梁，7 跨，两端有悬挑。

2) 梁截面尺寸，该项为必注值。等截面梁用 $b \times h$ 表示，当有悬挑梁且根部和端部高度不同时，用斜线分隔根部与端部的高度值，即为 $b \times h_1/h_2$。

3) 梁箍筋，该项为必注值。包括钢筋级别、直径、箍筋加密区与非加密区的不同间距及肢数，需用斜线“/”分隔；当梁箍筋为同一种间距及肢数时，则不需要用斜线；当加密区与非加密区的箍筋肢数相同时，则将肢数注写一次；箍筋肢数应注写在括号内。

例如，Φ 10@100/200（4），表示箍筋为Ⅰ级钢筋，直径10 mm，加密区间距为 100 mm，非加密区间距为 200 mm，均为四肢箍。

又如，Φ 8@100(4)/150(2)，表示箍筋为Ⅰ级钢筋，直径8 mm，加密区间距为 100 mm，四肢箍，非加密区间距为150 mm，两肢箍。

4）梁上部通长筋或架立筋，该项为必注值。当同排纵筋中既有通长筋又有架立筋时，应用加号“＋”将通长筋和架立筋相联。注写时需将角部纵筋写在加号的前面，架立筋写在加号后面的括号内，以示不同直径及与通长筋的区别。当全部采用架立筋时，则将其写入括号内。

例如，2 Φ 22 用于双肢箍；2 Φ 22＋（4 Φ 12）用于六肢箍，其中 2 Φ 22 为通长筋，4 Φ 12 为架立筋。

当梁的上部纵筋和下部纵筋均为通长筋且多数跨配筋相同时，此项可加注下部纵筋的配筋值，用分号“；”将上部与下部纵筋的配筋值分隔开来。

例如，“3 Φ 22；3 Φ 20”表示梁的上部配置 3 Φ 22 的通长筋，梁的下部配置 3 Φ 20 的通长筋。

5）梁侧面纵向构造钢筋或受扭钢筋，该项为必注值。当梁腹板高度 $h_w \geqslant 450$ mm 时，需配置纵向构造钢筋。此项注写值以大写字母 G 打头，接续注写设置在梁两侧的总配筋值，且对称布置。

例如，G4Φ 12，表示梁的两个侧面共配置 4 根直径为12 mm 的Ⅰ级纵向构造钢筋，每侧配置 2 Φ 12。

当梁侧面需配置受扭纵向钢筋时，此项注写值以大写字母 N 打头，接续注写设置在梁两侧的总配筋值，且对称布置。

例如，N6 Φ 22，表示梁的两个侧面共配置 6 Φ 22 的受扭纵向钢筋，每侧各配置 3 Φ 22。

6）梁顶面标高差，此项为选注项。当梁顶面与所在结构层的楼面有高差时，需将高差值写入括号内，无高差时不注写。当梁顶面高于所在结构层的楼面标高时，其标高高差为正值，反之为负值。

现以图 2—10 中的集中标注为例，说明各项标注的含义：

KL2（2A）——表示第 2 号框架梁，两跨，一端有悬挑。

300×650——表示梁的截面尺寸，截面宽度 300 mm，截面高度 650 mm

Φ 8@100/200（2）——表示梁内箍筋为Ⅰ级钢筋，直径 8 mm，加密区间距为 100 mm，非加密区间距为 200 mm，两肢箍。

2Φ25——表示梁上部通长筋有两根，直径 25 mm，Ⅱ级钢筋。

G4Φ10——表示梁的两个侧面共配置 4Φ10 的纵向构造钢筋，每侧各配置 2Φ10。

（－0.100）——表示该梁顶面低于所在结构层的楼面标高 0.1 m。

（2）梁的原位标注。

当梁的集中标注值不能完整地反映梁某个部位的配筋情况时，需要进行原位标注。

1）梁支座上部纵筋，包括通长筋在内的所有纵筋，注写在梁支座上部。

①当上部纵筋多余一排时，用“/”将各排纵筋自上而下分开。例如，梁支座上部纵筋注写为 6Φ25 4/2，则表示上一排纵筋为 4Φ25，下一排纵筋为 2Φ25。

②当同排纵筋有两种直径时，用加号“＋”将两种直径相联，并且角部纵筋写在前面。

例如，图 2—10 中的第一跨左支座上部注写为 2Φ25＋2Φ22，表示该梁第一跨左支座的上部配置一排纵向钢筋，其中 2Φ

25 放在角部，2Φ22 放在中间。

③当梁中间支座两边的上部纵筋不同时，需在支座两边分别标注；当梁中间支座两边的上部纵筋相同时，可仅在支座的一边标注配筋值，另一边省去不注。

例如，图 2—10 中的第一跨右支座上部没有注写配筋值，则表示它与第二跨左支座上部的配筋值相同，均为 6Φ25 4/2，两排布置，上排纵筋为 4Φ25，下排纵筋为 2Φ25。

2）梁下部纵筋。梁下部纵筋表示方法与上部钢筋相同，但应注写在该跨梁下面的中间位置。

例如，图 2—10 中，第一跨梁下部纵向钢筋为两排布置，上排为 2Φ25，下排为 4Φ25。

当梁的集中标注中分别注写了梁上部和下部均为通长的纵筋值时，则不需要在梁的下部重复做原位标注。

3）附加箍筋或吊筋。附加箍筋或吊筋可直接画在平面图中的主梁上，用线引注总配筋值。

4）当在梁上集中标注的内容不适用某跨或某悬挑部分时，则将其不同数值原位标注在该跨或该悬挑部位，施工时应按原位标注数值取用。

例如，图 2—10 中，右悬挑端梁下部标注的箍筋为Φ8@100（2），集中标注中的箍筋为Φ8@100/200（2），施工时悬挑梁部分应按原位标注的值Φ8@100（2）进行配筋（即原位优先），第一跨和第二跨梁的箍筋仍按集中标注的值Φ8@100/200（2）进行配筋。

根据梁平法施工图的表示方法，如果将图 2—9 所示的梁配筋图改用平法表示，则其结果如图 2—12 所示。

三、板钢筋图的识读

现浇钢筋混凝土板详图一般由平面图和节点详图组成。平面图主要表示钢筋混凝土板的形状和板中钢筋的布置、定位轴线及尺寸、断面图的剖切位置等。

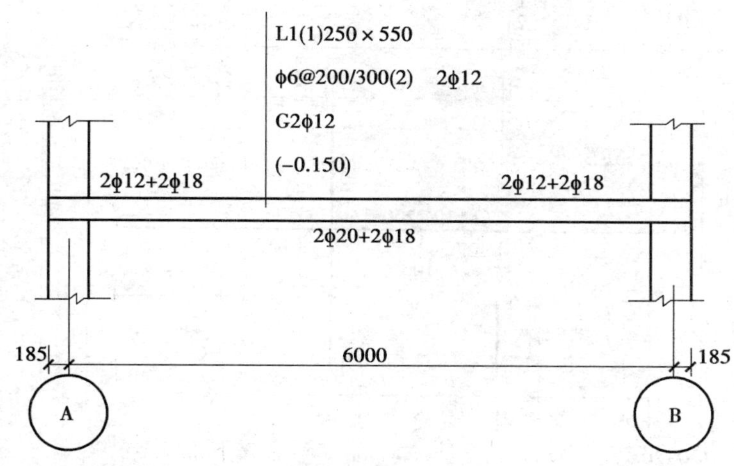

图 2—12 L1 的平法表示

根据受力情况，板中钢筋通常有两种：受力钢筋和分布钢筋。受力钢筋主要承受拉力，分布钢筋用来固定受力钢筋，以形成钢筋网，同时将板上的荷载有效地传递到受力钢筋上去。

根据钢筋布置的位置不同，板中钢筋包括板底钢筋和板面钢筋，板底钢筋弯钩朝上，板面钢筋（通常称为罩面筋）一般弯成向下的直钩，以顶住底模，保证板厚方向的定位，罩面直钩在平面图中朝下或朝右方向表示，如图 2—13 板 B1 配筋图。楼板结构中每一区格的板一般在四边都由梁或墙支撑形成四边支撑板。这种四边有支撑的板在两个方向受力，板上荷载通过两个方向传给四边的梁或墙，板底部两个方向的钢筋均为受力钢筋。但当板的长边与短边之比≥3 时，板上的荷载将主要沿短跨方向传递，此时可将板看成单向板，单向板底部短跨方向的钢筋为受力钢筋，另一方向为分布钢筋。

在板的施工图中，一般不需要画板的断面图，这里为了更清楚地反映板的配筋情况，画出了板 B1 的断面图，以帮助初学者

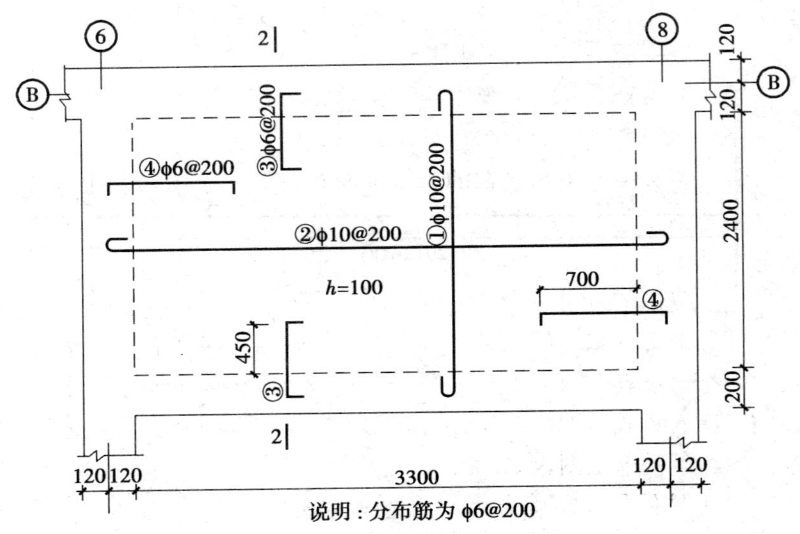

图 2—13　板 B1 配筋图

识图，如图 2—14 所示。从图 2—14 中可以看出，板底部配有两个方向的钢筋：①号筋Φ 10@200 和②号筋Φ 10@200。板面四周配有③号筋Φ 6@200、④号筋Φ 6@200。

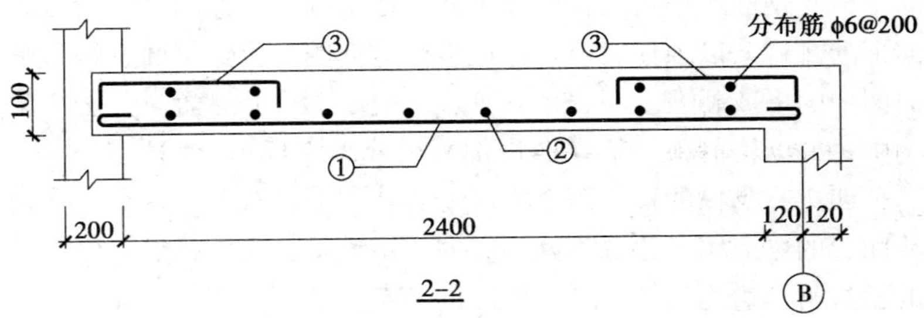

图 2—14　板 B1 的断面图

四、剪力墙钢筋图的识读

钢筋混凝土剪力墙可以作为竖向承重构件，同时能抵抗水平侧向力，剪力与框架结构（由若干梁和柱连接而成的房屋骨架称为框架结构）比较，剪力墙结构体系的侧向刚度大，整体性好，对承受水平力有利，因而大多应用于高层建筑中。

下面介绍的是剪力墙平法施工图的识读。

剪力墙平法施工图是在剪力墙平面布置图上采用列表注写方式或截面注写方式表达的施工图。这里仅介绍墙平法施工图中的列表注写方式。

为了表达清楚、简便，剪力墙可看成由剪力墙柱、剪力墙身、剪力墙梁三类构件构成的。列表注写方式是分别在剪力墙柱表、剪力墙身表和剪力墙梁表中，对应于剪力墙平面布置图上的编号，用绘制截面配筋图并注写几何尺寸与配筋具体方式，来表达剪力墙平法施工图，如图 2—15～图 2—17 所示。

1. 墙柱编号，由墙柱类型代号和序号组成，表达形式应符合表 2—4 的规定。

表 2—4　墙柱编号

墙柱类型	代号	序号
约束边缘暗柱	YAZ	××
约束边缘端柱	YDZ	××
约束边缘翼墙（柱）	YYZ	××
约束边缘转角墙（柱）	YJZ	××
构造边缘端柱	GDZ	××
构造边缘暗柱	GAZ	××
构造边缘翼墙（柱）	GYZ	××
构造边缘转角墙（柱）	GJZ	××
非边缘暗柱	AZ	××
扶壁柱	FBZ	××

2. 墙身编号，由墙身代号、序号以及墙身所配置的水平与竖向分布钢筋的排数组成，其中排数注写在括号内。表达形式为：Q××（×排）。如图 2—16 所示，剪力墙身 Q1 布置 2 排钢

筋网，墙身部位的配筋从图 2—17 的剪力墙身表中可知。

3. 墙梁编号，由墙梁类型代号和序号组成，表达形式应符合表 2—5 的规定。

表 2—5　　　　　　　　　墙梁编号

墙梁类型	代号	序号
连梁（无交叉暗撑及无交叉钢筋）	LL	××
连梁（有交叉暗撑）	LL（JC）	××
连梁（有交叉钢筋）	LL（JG）	××
暗梁	AL	××
边框梁	BKL	××

如图 2—16 所示的墙平面布置图中，设有 2 根连梁 LL1，连梁的配筋从图 2—18 的剪力墙梁表中可知。

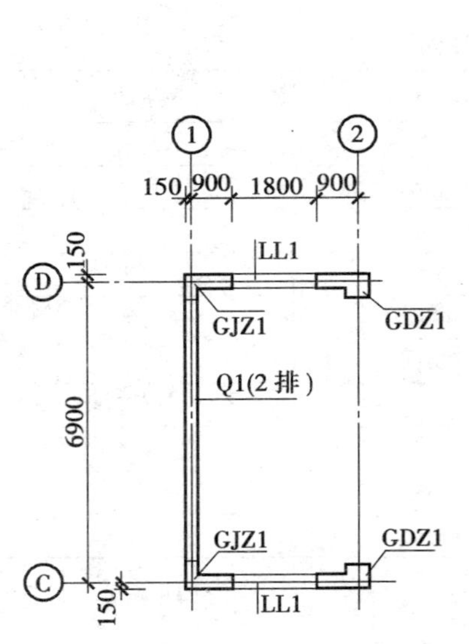

剪力墙柱表	
截面	1200 300 600 600
编号	GDZ1
标高	-0.030~8.670
纵筋	22Φ22
箍筋	ϕ10@100
截面	1050 300 300
编号	GJZ1
标高	-0.030~8.670
纵筋	24Φ20
箍筋	ϕ10@100

图 2—15　−0.030～8.670 剪力墙平法施工图

剪 力 墙 身 表					
编 号	标 高	墙 厚	水平分布筋	垂直分布筋	拉 筋
Q1(2 排)	-0.030~8.670	300	ϕ12@250	ϕ12@250	ϕ6@500

图 2—16 剪力墙身表

剪 力 墙 梁 表						
编 号	梁顶相对标高高差	梁截面 $b \times h$	上部纵筋	下部纵筋	侧面纵筋	箍 筋
LL1	0.800	300 × 2000	4Φ22	4Φ22	同 Q1 水平分布筋	ϕ10@100(2)

图 2—17 剪力墙梁表

第三单元　钢筋在混凝土中的作用、构造要求、分类、验收保管

模块一　钢筋在钢筋混凝土结构中的作用

一、钢筋混凝土的概念

钢筋混凝土是由钢筋和混凝土两种力学性能不同的材料组成的。我们知道混凝土是一种人造石，它的抗压强度较高，可是抗拉强度却很低，而钢筋的抗拉强度则很高。为了充分利用材料的力学性能，我们在混凝土中加入钢筋，让它们结合在一起共同工作，使混凝土主要承受压力，而钢筋主要承受拉力，以满足工程结构的不同要求。

1. 钢筋与混凝土共同工作的基础

(1) 钢筋和混凝土间有良好的黏结力。混凝土硬化后，钢筋与混凝土之间会产生较强的黏结力，使两者可靠地结合在一起，从而保证在外部荷载作用下，钢筋和混凝土能够共同工作。

(2) 钢筋和混凝土黏合后，在外部荷载作用下，两者变形量基本相同，从而保证了钢筋和混凝土的整体性。

(3) 混凝土使钢筋不易发生锈蚀。混凝土将钢筋紧紧包裹住，可以阻止有害物质和水分侵蚀钢筋，从而保证了结构的耐久性。

2. 钢筋混凝土的主要特点

(1) 耐久性和耐火性能好。

(2) 具有较好的可铸性，在自重和振捣的作用下填满模板，

做成建筑中需要的各种形状的构件。

(3) 具有良好的整体性，利于抗震。

(4) 可就地取材，材料来源广泛。

二、钢筋在钢筋混凝土结构中的作用

在工程结构中，钢筋混凝土构件的类型较多，它们的受力和作用也各不相同，因而构件内钢筋的组成及作用也不尽相同。

1. 钢筋混凝土梁内钢筋的组成和作用

钢筋混凝土梁内主要配有 4 种钢筋：纵向受力钢筋、弯起钢筋、架立钢筋、箍筋。如图 3—1 所示。

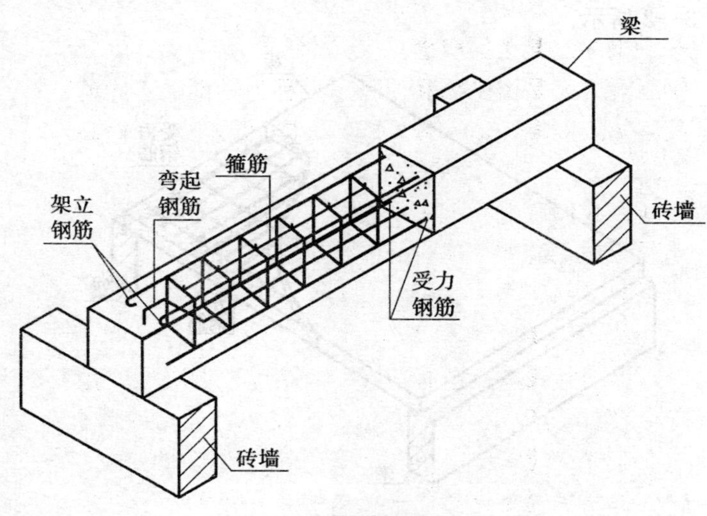

图 3—1 钢筋混凝土梁的配筋

(1) 纵向受力钢筋。纵向受力钢筋的作用主要是承受由外力在梁内产生的拉应力，所以这种钢筋应放在梁的受拉一侧。

(2) 弯起钢筋。弯起钢筋是由纵向受力钢筋弯起形成的。除了在跨中承受由弯矩产生的拉应力外，在靠近支座的弯起段它还用来承受剪应力。

（3）架立钢筋。架立钢筋的主要作用是固定钢筋的正确位置，并形成有一定刚度的钢筋骨架。此外，架立钢筋还可以承受因温度变化和混凝土收缩而产生的应力，防止裂缝的产生。这种钢筋通常布置在梁的受压区外边缘两侧，与纵向受力钢筋平行。

（4）箍筋。箍筋的主要作用是承受剪力，同时，通过绑扎或焊接，使箍筋与其他钢筋形成一个整体性好的空间骨架。

2. 钢筋混凝土板内钢筋的组成和作用

钢筋混凝土板内主要配有受力钢筋和分布钢筋或架立钢筋。如图 3—2 所示。

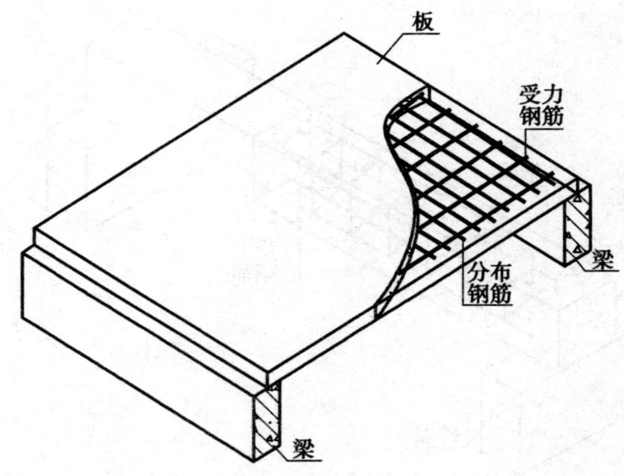

图 3—2　钢筋混凝土板的配筋

（1）受力钢筋。板的受力钢筋与梁的纵向受力钢筋一样，主要承受由弯矩产生的拉应力，它一般沿板的跨度方向在受拉区布置。

（2）分布钢筋或架立钢筋。分布钢筋的作用是将板上的外力更有效地传递到受力钢筋上，防止由于温度变化和混凝土收缩而产生裂缝，并固定受力钢筋的正确位置。

3. 钢筋混凝土柱内钢筋的组成和作用

钢筋混凝土柱根据外力作用方式的不同，可分为轴心受压柱和偏心受压柱。轴心受压柱内配有对称的纵向受力钢筋和箍筋。如图 3—3 所示。

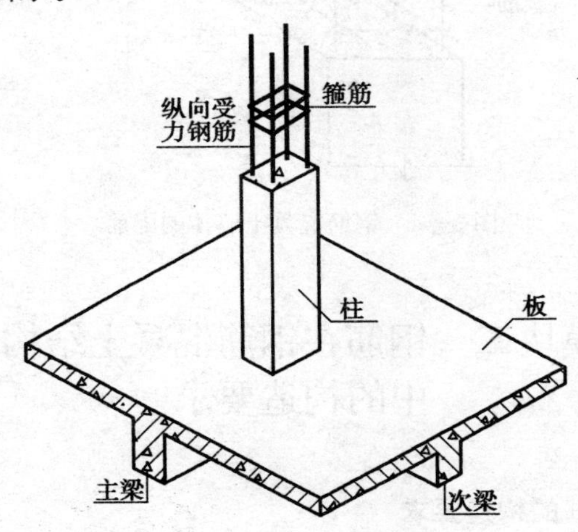

图 3—3　钢筋混凝土柱的配筋

(1) 纵向受力钢筋。纵向受力钢筋的作用是与混凝土共同承担中心荷载在截面内产生的压应力。当柱受偏心荷载作用时，纵向受力钢筋还承受由偏心荷载引起的拉应力。

(2) 箍筋。箍筋的作用是保证纵向受力钢筋的位置正确，防止纵向受力钢筋被压弯曲，提高柱子的承载能力。在柱子及其他受压构件中，箍筋是做成封闭式的。

4. 钢筋混凝土墙内钢筋的组成和作用

在钢筋混凝土墙内，根据设计要求可配置单层或双层钢筋网片。钢筋网片主要由竖筋和横筋组成，在采用双层钢筋网片时，在两层钢筋网片之间还设置有撑铁。如图 3—4 所示。

竖筋的作用是承受水平荷载对墙体产生的拉应力。横筋的作用是固定竖筋的位置，并承受一定的剪力。

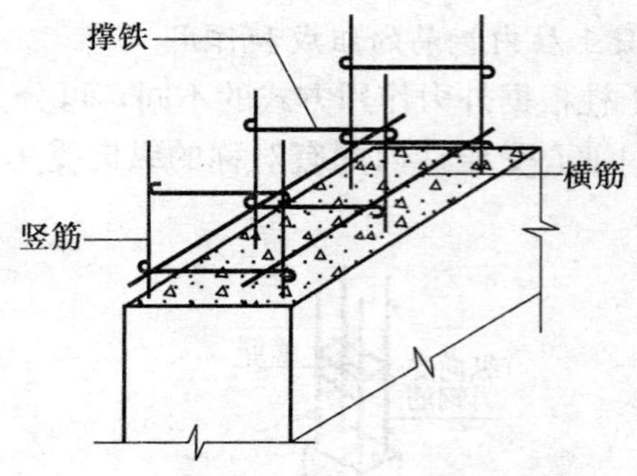

图 3—4　钢筋混凝土墙体的配筋

模块二　钢筋在钢筋混凝土结构中的构造要求

一、配筋的构造要求

1. 混凝土保护层

混凝土的保护层指的是纵向受力钢筋的外边缘至构件外边缘的厚度，如图 3—5 所示。

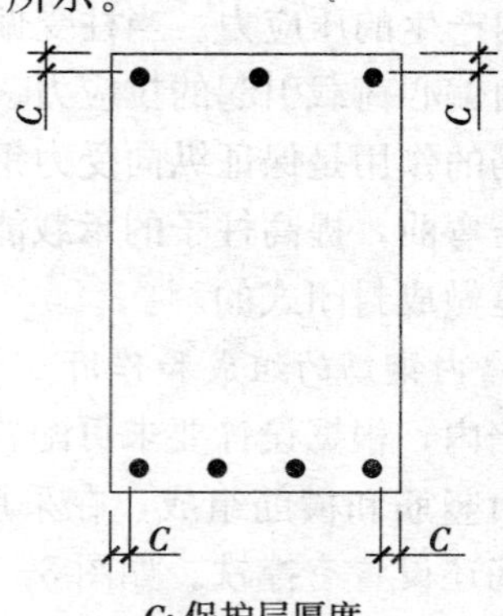

图 3—5　混凝土保护层厚度

为了保证钢筋不被锈蚀及钢筋和混凝土共同工作，《混凝土结构设计规范》规定混凝土应设有保护层，并且规定了纵向受力钢筋的混凝土保护层最小厚度，见表 3—1。

表 3—1　　纵向受力钢筋的混凝土保护层最小厚度　　mm

<table>
<tr><th colspan="2" rowspan="2">环境类别</th><th colspan="3">板、墙、壳</th><th colspan="3">梁</th><th colspan="3">柱</th></tr>
<tr><th>≤20</th><th>C25～C45</th><th>≥50</th><th>≤20</th><th>C25～C45</th><th>≥50</th><th>≤20</th><th>C25～C45</th><th>≥50</th></tr>
<tr><td colspan="2">一</td><td>20</td><td>15</td><td>15</td><td>30</td><td>25</td><td>25</td><td>30</td><td>30</td><td>30</td></tr>
<tr><td rowspan="2">二</td><td>a</td><td>—</td><td>20</td><td>20</td><td>—</td><td>30</td><td>30</td><td>—</td><td>30</td><td>30</td></tr>
<tr><td>b</td><td>—</td><td>25</td><td>20</td><td>—</td><td>35</td><td>30</td><td>—</td><td>35</td><td>30</td></tr>
<tr><td colspan="2">三</td><td>—</td><td>30</td><td>25</td><td>—</td><td>40</td><td>35</td><td>—</td><td>40</td><td>35</td></tr>
</table>

注：1. 基础中纵向受力钢筋的混凝土保护层厚度不应小于 40 mm，当无垫层时不应小于 70 mm。

2. 处于一类环境且工厂生产的预制构件，当混凝土强度等级不低于 C20 时，其保护层厚度可按本表规定减小 5 mm，但预应力钢筋的保护层厚度不应小于 15 mm；处于二类环境且由工厂生产的预制构件，当表面采取有效保护措施时，保护层厚度可按本表一类环境数值取用。预制钢筋混凝土受弯构件钢筋端头的保护层厚度不应小于 10 mm；预制肋形板主肋钢筋的保护层厚度应按梁的数值取用。

3. 板、墙、壳中分布钢筋的保护层厚度不应小于表中相应数值减小 10 mm，且不应小于 10 mm；梁、柱中箍筋和构造钢筋的保护层厚度不应小于 15 mm。

4. 当梁、柱中纵向受力钢筋的保护层厚度大于 40 mm 时，应对保护层采取有效的防裂构造措施。处于二、三类环境中的悬臂板，其上面应采取有效的保护措施。

混凝土结构的环境类别见表 3—2。

表 3—2　　混凝土结构的环境类别

<table>
<tr><th colspan="2">环境类别</th><th>条　件</th></tr>
<tr><td colspan="2">一</td><td>室内正常环境</td></tr>
<tr><td rowspan="2">二</td><td>a</td><td>室内潮湿环境；非严寒和非寒冷地区的露天环境、与无侵蚀性水或土壤直接接触的环境</td></tr>
<tr><td>b</td><td>严寒和寒冷地区的露天环境、与无侵蚀性水或土壤直接接触的环境</td></tr>
</table>

续表

环境类别	条　件
三	使用除冰盐的环境；严寒和寒冷地区水位变动的环境；滨海室外环境
四	海水环境
五	受人为或自然的侵蚀性物质影响的环境

2. 钢筋接头

钢筋的接头形式常用绑扎、焊接和机械连接。对于接头的使用范围和接头的加工，有如下规定：

(1) 钢筋的接头宜优先采用焊接或机械连接的接头。

(2) 钢筋焊接接头的类型及质量应符合相关规定。

(3) 采用绑扎接头的受力钢筋，其搭接长度应符合表 3—3 的规定。

表 3—3　　钢筋绑扎接头的最小搭接长度

钢筋类型	受力情况	
	受拉	受压
Ⅰ级钢筋	$30d$	$20d$
Ⅱ级钢筋	$35d$	$25d$
Ⅲ级钢筋	$40d$	$30d$
冷拔低碳钢丝	250 mm	200 mm

注：d 为钢筋直径。

(4) 焊接接头距钢筋弯曲处不应小于 10 倍的钢筋直径，且不宜位于构件最大弯矩处。

(5) 受力钢筋接头的位置应相互错开。在任一长度区段内，有接头的受力钢筋截面面积占受力钢筋总截面面积的百分率，应符合表 3—4 的规定。

表 3—4　在搭接长度区段内受力面积的允许百分率　%

接头形式	受拉区	受压区
绑扎骨架和绑扎网中钢筋的搭接接头	25	50
焊接骨架和焊接网的搭接接头	50	50
受力钢筋的焊接接头	50	不限制
预应力钢筋的对焊接头	25	不限制

3. 钢筋的弯钩

《混凝土结构设计规范》（GB 50010—2002）规定：钢筋骨架中的受力光面钢筋，应在钢筋末端做弯钩，在焊接骨架、焊接网中可不做弯钩；钢筋骨架中的受力变形钢筋，在钢筋末端可不做弯钩；做受压钢筋时可不做弯钩。

光面钢筋末端应做 180°弯钩，其圆弧弯曲直径 D 不应小于钢筋直径 d 的 2.5 倍，平直部分的长度不宜小于钢筋直径 d 的 3 倍，如图 3—6 所示。

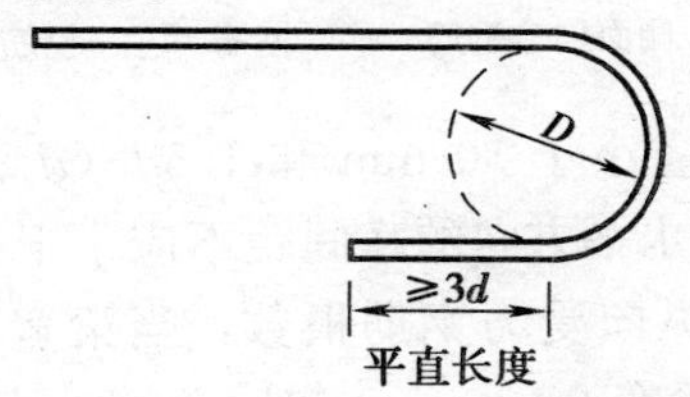

图 3—6　光面钢筋末端 180°弯钩平直长度

二、钢筋混凝土结构的配筋

1. 梁配筋的构造要求

钢筋混凝土梁配筋如图 3—7 所示。

（1）梁内纵向受力钢筋。钢筋混凝土梁纵向受力钢筋的直径，当梁高 $h \geq 300$ mm 时，不应小于 10 mm；当梁高 $h <$ 300 mm 时，不应小于 8 mm。梁上部纵向钢筋（钢筋外边缘之

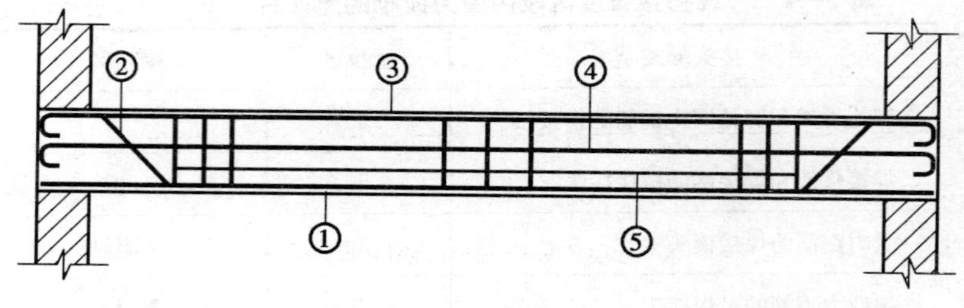

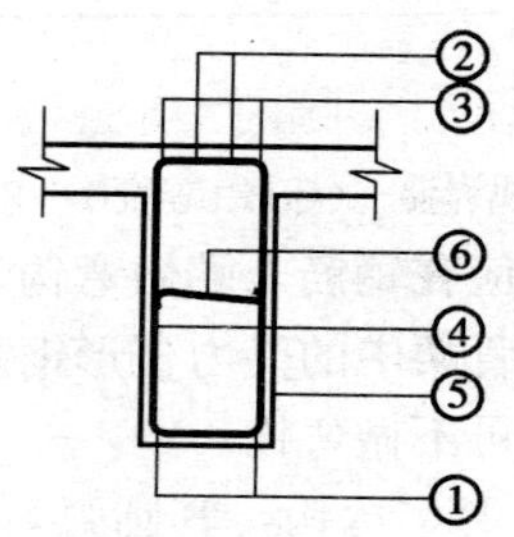

图 3—7　钢筋混凝土梁配筋

①—受力钢筋　②—弯起钢筋　③—架立钢筋

④—侧面构造钢筋　⑤—箍筋　⑥—拉筋

间的最小距离）不应小于 30 mm 和 1.5d（d 为钢筋的最大直径）；下部纵向钢筋水平方向的净间距不应小于 25 mm 和 d。伸入梁支座范围内的纵向受力钢筋根数，当梁宽 $b \geqslant 100$ mm 时，不宜少于两根；当梁宽 $b < 100$ mm 时，可为一根。

（2）梁内箍筋。支撑在砌体结构上的钢筋混凝土独立梁，在纵向受力钢筋的锚固长度范围内应配置不少于两个箍筋，其直径不宜小于纵向受力钢筋最大直径的 0.25 倍，间距不宜大于纵向受力钢筋最小直径的 10 倍。梁中箍筋的最小直径，当梁高 $h >$ 800 mm 时，其箍筋直径不宜小于 8 mm；当梁高 $h \leqslant 800$ mm 时，其箍筋直径不宜小于 6 mm。当梁中配有计算需要的纵向受压钢筋时，箍筋直径不应小于纵向受压钢筋最大直径的 0.25 倍。梁中箍筋的最大间距宜符合表 3—5 的规定。

表 3—5 **梁中箍筋的最大间距** mm

梁高（h）	箍筋的最大间距	梁高（h）	箍筋的最大间距
$150<h\leqslant300$	150～200	$500<h\leqslant800$	250～350
$300<h\leqslant500$	200～300	$h>800$	300～500

（3）梁内架立钢筋。梁内架立钢筋的直径，当梁的跨度小于 4 m时，不宜小于 8 mm；当梁的跨度为 4～6 m 时，不宜小于 10 mm；当梁的跨度大于 6 m 时，不宜小于 12 mm。

（4）梁侧面构造钢筋。如图 3—8 所示，当梁的腹板高度 $h_w\geqslant450$ mm时，在梁的两侧面应沿高度方向配置纵向构造钢筋，每侧纵向构造钢筋（不包括梁上、下部受力钢筋及架立钢筋）的截面面积不应小于腹板截面面积 bh_w 的 0.1%（b 为腹板宽度），且其间距不宜大于 200 mm。

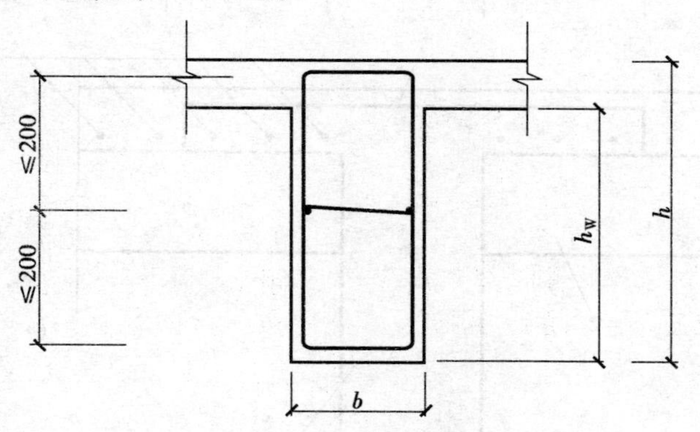

图 3—8 梁侧面构造配筋

2. 板配筋的构造要求

（1）受力钢筋的锚固。简支板或连续板下部纵向受力钢筋伸入支座的锚固长度不应小于 $5d$（d 为下部纵向受力钢筋的直径）。当连续板内温度、收缩应力较大时，伸入支座的锚固长度宜适当增加。

（2）板中受力钢筋的间距见表 3—6。

表 3—6　　板中受力钢筋的间距　　mm

板厚（h）	钢筋间距	板厚（h）	钢筋间距
$h \leqslant 150$	$\leqslant 200$	$h > 150$	$\leqslant 1.5h$ 且 $\leqslant 300$

（3）上部构造钢筋。当现浇板的受力钢筋与梁平行时，应沿梁长度方向配置间距不大于 200 mm 且与梁垂直的上部构造钢筋，其直径不宜小于 8 mm，且单位长度内的总截面面积不宜小于板中单位宽度内受力钢筋截面面积的 1/3。该构造钢筋伸入板内的长度从梁边算起，每边不宜小于板计算跨度 l_0 的 1/4，如图 3—9 所示。

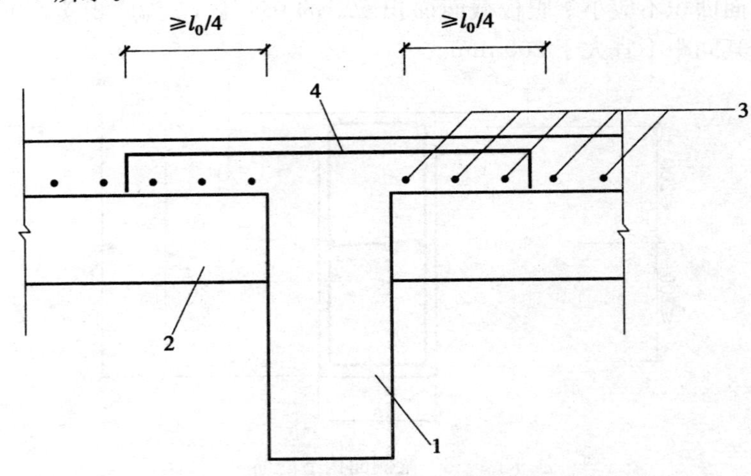

图 3—9　现浇板中与梁垂直的构造钢筋

1—主梁　2—次梁　3—板的受力钢筋　4—上部构造钢筋

（4）沿支撑周边配置的上部构造钢筋。对与支撑结构整体浇筑或嵌固在承重砌体墙内的现浇混凝土板，应沿支撑周边配置上部构造钢筋，其直径不宜小于 8 mm，间距不宜大于 200 mm，如图 3—10 所示。

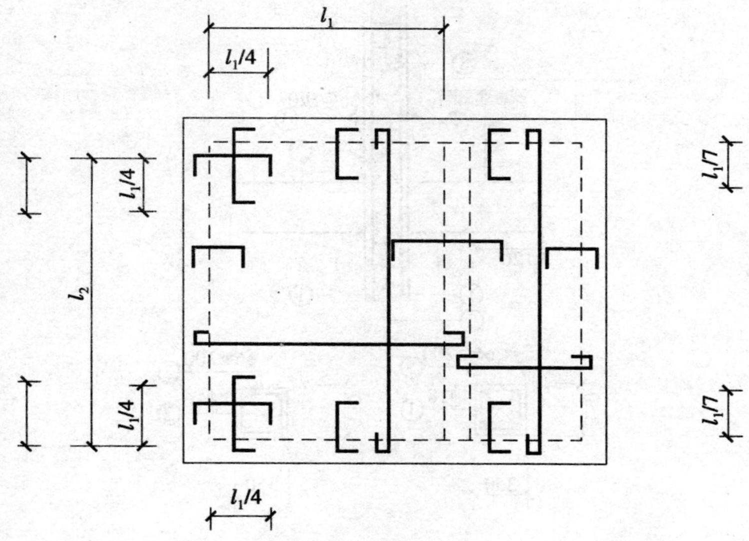

图 3—10　板沿支撑周边配置的上部构造钢筋

l_1—板短边跨度　l_2—板长边跨度

3. 柱配筋的构造要求

（1）柱中纵向受力钢筋。纵向受力钢筋的直径不宜小于 12 mm，全部纵向受力钢筋的配筋率不宜大于 5%；圆柱中纵向受力钢筋宜沿周边均匀布置，根数不宜少于 8 根，且不应少于 6 根。柱中纵向受力钢筋的净间距不应小于 50 mm；水平浇筑的预制柱，其纵向受力钢筋的最小净间距可按梁的纵向钢筋净间距规定取用。偏心受压柱中垂直于弯矩作用平面的侧面上的纵向受力钢筋以及轴心受压柱中各边的纵向受力钢筋，其间距不宜大于 300 mm。如图 3—11 所示。

（2）柱中构造钢筋。当偏心受压柱的截面高度 $h \geqslant 600$ mm 时，在柱的侧面上应设置直径为 10～16 mm 的纵向构造钢筋，并相应设置复合箍筋或拉筋。

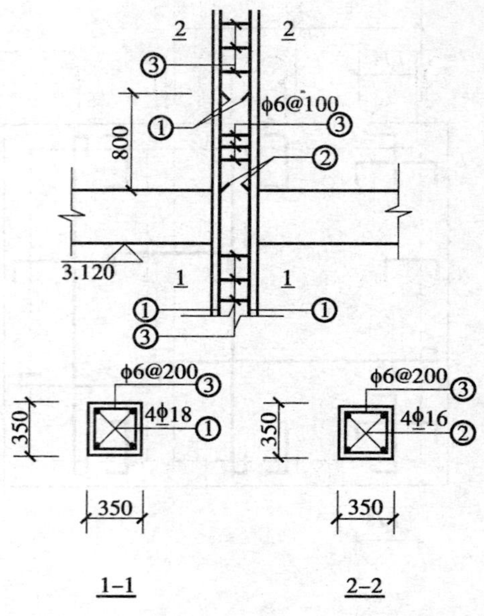

图 3—11　钢筋混凝土柱配筋

（3）柱中箍筋。如图 3—12 所示。柱及其他受压构件中的周边箍筋应做成封闭式，箍筋末端应做成 135°弯钩，弯钩末端平直段长度不应小于箍筋直径的 5 倍。箍筋的间距不应大于 400 mm及柱截面的短边尺寸不应大于 15*d*（*d* 为纵向受力钢筋的最小直径）。箍筋直径不应小于 *d*/4，且不应小于 6 mm（*d* 为纵向受力钢筋的最大直径）。当柱中全部纵向受力钢筋的配筋率大于 3%时，箍筋直径不应小于 8 mm，间距不应大于纵向受力钢筋最小直径的 10 倍，且不应大于 200 mm；箍筋末端应做成 135°弯钩，弯钩末端平直段长度不应小于箍筋直径的 10 倍；箍筋也可焊成封闭环式。当柱截面短边尺寸大于 400 mm 且各边纵向钢筋多于 3 根时，或当柱截面短边尺寸不大于 400 mm 但各边纵向钢筋多于 4 根时，应设置复合箍筋。

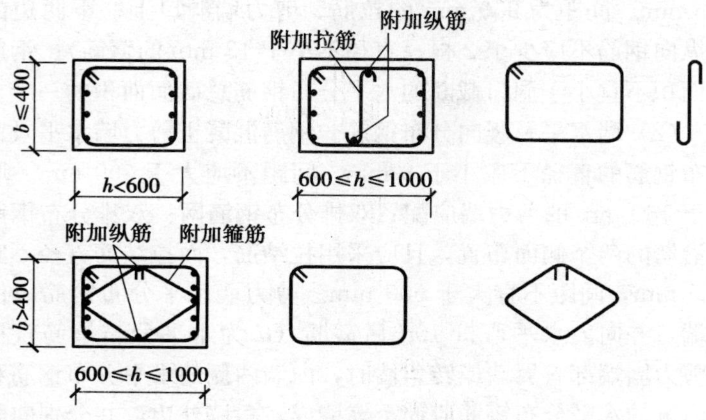

图 3—12 柱中箍筋形式

4. 墙配筋的构造要求

剪力墙墙肢配筋如图 3—13 所示。

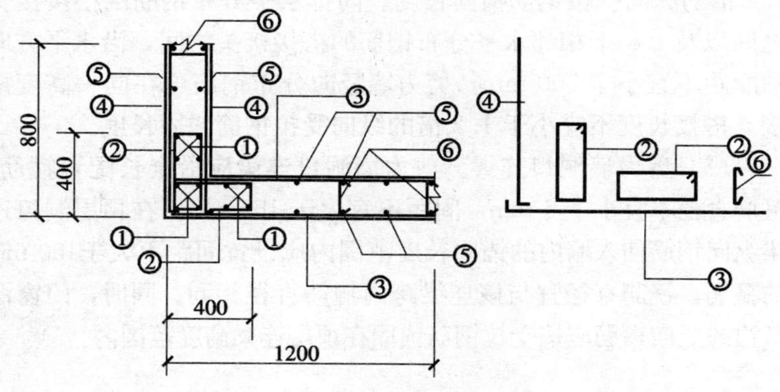

图 3—13 剪力墙墙肢配筋

①—受力钢筋 ②—箍筋 ③、④—水平分布筋 ⑤—竖向分布筋 ⑥—拉筋

（1）墙受力钢筋。剪力墙墙肢两端应配置竖向受力钢筋，每端的竖向受力钢筋不宜小于 4 根（直径为 12 mm 的钢筋）或 2 根（直径为 16 mm 的钢筋）；沿该竖向钢筋方向宜配置直径不小

于6 mm、间距为 250 mm 的拉筋。剪力墙洞口上、下两边的水平纵向钢筋不应少于 2 根（直径不小于 12 mm 的钢筋）；钢筋截面面积不宜小于洞口截断的水平分布钢筋总截面面积的一半。

（2）墙水平及竖向分布钢筋。钢筋混凝土剪力墙水平及竖向分布钢筋的直径不应小于 8 mm，间距不应大于 300 mm。厚度大于 160 mm 的剪力墙应配置双排分布钢筋网；双排分布钢筋网应沿墙的两个侧面布置，且应采用拉结筋，而拉结筋直径不宜小于 6 mm，间距不宜大于 600 mm。剪力墙水平分布钢筋应伸至墙端，并向内水平弯折 $10d$ 后截断（d 为水平分布钢筋直径）。当剪力墙端部有翼墙或转角墙时，内墙两侧的水平分布钢筋和外墙内侧的水平分布钢筋应伸至翼墙或转角墙外边，并分别向两侧水平弯折后截断，其水平弯折长度不宜小于 $15d$。在转角墙处，外墙外侧的水平分布钢筋在墙端外角处弯入翼墙，并与翼墙外侧水平分布钢筋搭接。剪力墙水平分布钢筋的搭接长度不应小于 1.2 倍的纵向受拉钢筋锚固长度。同排水平分布钢筋的搭接接头之间以及上、下相邻水平分布钢筋的搭接接头之间，沿水平方向的净距不宜小于 500 mm。剪力墙竖向分布钢筋可在同一高度搭接，搭接长度不应小于 1.2 倍的纵向受拉钢筋锚固长度。

（3）剪力墙洞口连梁。剪力墙洞口连梁应沿全长配置箍筋，箍筋直径不宜小于 6 mm，间距不宜大于 150 mm。在顶层洞口连梁纵向钢筋伸入墙内的锚固长度范围内应设置间距不大于150 mm 的箍筋，箍筋直径宜与该连梁跨内箍筋直径相同。同时，门窗洞口边的竖向钢筋应按受拉钢筋锚固在顶层连梁高度范围内。

模块三　钢筋的分类

一、按钢筋在构件中的作用分类

钢筋按其在构件中的作用可分为受力钢筋和构造钢筋。

1. 受力钢筋

是指在外荷载作用下，通过计算得出的构件所需配置的钢筋。它包括受拉钢筋、受压钢筋、弯起钢筋等。

2. 构造钢筋

因构件的构造要求和施工安装需要而配置的钢筋。它包括架立钢筋、分布钢筋、箍筋、腰筋及拉筋等。

二、按钢筋的外形分类

1. 光圆钢筋

是指表面光滑而截面为圆形的钢筋，如图 3—14 所示。

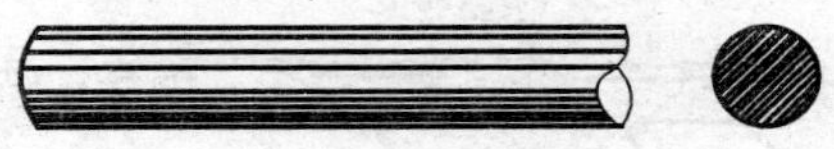

图 3—14　光圆钢筋

2. 带肋钢筋

是指在钢筋表面轧制有一定纹路的钢筋，它又可分为月牙肋钢筋和等高肋钢筋等，如图 3—15 所示为月牙肋钢筋。

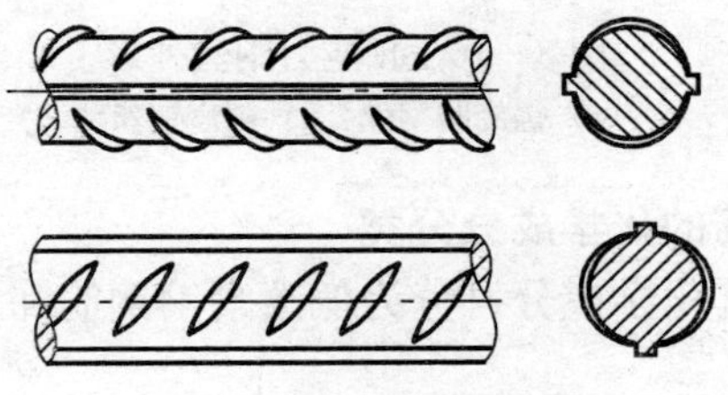

图 3—15　月牙肋钢筋

3. 钢丝

是指直径在 5 mm 以下的钢筋，如图 3—16 所示为预应力钢丝外形。

4. 钢绞线

是由多根钢丝绞绕而成的钢丝束。

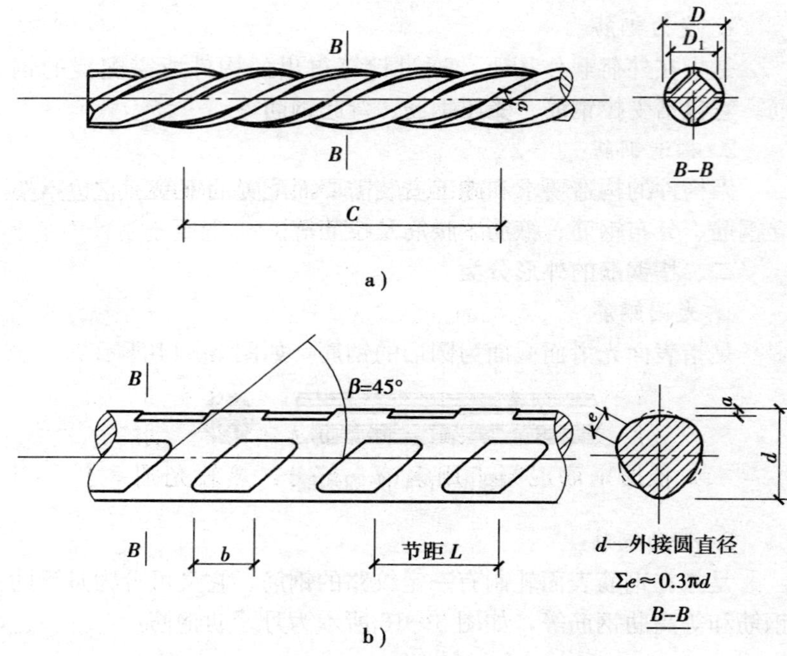

图 3—16 预应力钢丝外形

a）螺旋肋钢丝 b）刻痕钢丝

三、按钢筋的化学成分分类

钢筋按照其化学成分可分为低碳素钢钢筋和普通低合金钢钢筋。

1. 低碳素钢钢筋

是工程中的常用钢筋，由碳素钢轧制而成，其中碳的质量分数小于 0.25%。如建筑工程上用的圆钢筋、螺纹钢筋都是由碳素钢轧制而成的。

2. 普通低合金钢钢筋

普通低合金钢钢筋是采用低合金钢轧制而成的，也是建筑工程中的常用钢筋。常用的普通低合金钢品种有：20 锰硅

(20MnSi)、45 硅 2 锰（45Si2Mn)、45 硅锰钒（45SiMnV）等。

四、按钢筋的生产工艺分类

1. 普通热轧钢筋

普通热轧钢筋是经热轧成型并自然冷却成品的钢筋，这类钢筋主要用做钢筋混凝土结构中的钢筋和预应力混凝土结构中的非预应力钢筋。

热轧钢筋的出厂产品有圆盘钢筋和直条钢筋之分。圆盘钢筋（又称盘条）以圆盘形式供给，直径通常在 12 mm 以下，每盘即一条。直条钢筋通常直径≥12 mm，长度一般在 6～12 m。

热轧钢筋按外形分为热轧光圆钢筋和热轧带肋钢筋。

（1）根据钢筋混凝土用钢第一部分：热轧光圆钢筋（GB 1499.1—2008），热轧光圆钢筋常用的牌号及力学性能见表 3—7 和表 3—8。

表 3—7　　热轧光圆钢筋常用的牌号及含义

产品名称	牌号	牌号构成	英文字母含义
热轧光圆钢筋	HPB235	由 HPB＋屈服强度特征值组成	HPB—热轧光圆钢筋 H—热轧 P—光圆 B—钢筋
	HPB300		

表 3—8　　热轧光圆钢筋的力学性能

牌号	屈服点（MPa）	抗拉强度（MPa）	伸长率（%）	仲裁伸长率（%）	执行标准
	不小于				
HPB235	235	370	25.0	10.0	GB 1499.1—2008
HPB300	300	420			

（2）根据钢筋混凝土用钢第二部分：热轧带肋钢筋(GB 1499.2—2007)，热轧带肋钢筋常用的牌号及力学性能见表 3—9 和表 3—10。

表 3—9　热轧带肋钢筋常用的牌号及含义

类别	牌号	牌号构成	英文字母含义
普通热轧钢筋	HRB335	由 HRB+屈服强度特征值组成	HRB—热轧带肋钢筋 H—热轧 R—带肋 B—钢筋
	HRB400		
	HRB500		
细晶粒热轧钢筋	HRBF335	由 HRBF+屈服强度特征值组成	HRBF—细晶粒热轧带肋钢筋 F—细晶粒
	HRBF400		
	HRBF500		

表 3—10　热轧带肋钢筋的力学性能

牌号（牌号标志）	公称直径（mm）	屈服点（MPa）	抗拉强度（MPa）	伸长率（%）	仲裁伸长率（%）	执行标准
		不小于				
HRB335（3） HRBF335（C3）	6～25 28～40 ＞40～50	335	455	17	7.5	GB 1499.2—2007
HRB400（4） HRBF400（C4）	6～25 28～40 ＞40～50	400	540	16		
HRB500（5） HRBF500（C5）	6～25 28～40 ＞40～50	500	630	15		

2. 冷拉钢筋

为了提高钢筋的强度，节约钢材，工地上常按施工规程，控制一定的冷拉应力或冷拉率，对热轧钢筋进行冷拉。冷拉钢筋应符合表 3—11 的规定。冷拉后不得有裂纹、起皮等现象。

表 3—11　　冷拉钢筋的力学性能

钢筋级别	钢筋直径（mm）	屈服点（MPa）	抗拉强度（MPa）	伸长率（%）	冷弯	
		不小于			弯曲角度	弯曲直径
Ⅰ级	≤12	280	370	11	180°	3*d*
Ⅱ级	≤25	450	510	10	90°	3*d*
	28～40	430	490	10	90°	4*d*
Ⅲ级	8～40	500	570	8	90°	5*d*
Ⅳ级	10～28	700	835	6	90°	5*d*

注：*d* 为钢筋直径（mm）。

3. 冷轧带肋钢筋

冷轧带肋钢筋是指热轧圆盘条经冷轧减径后在其表面轧成二面或三面有肋的钢筋，冷轧带肋钢筋外形如图 3—17 所示。

图 3—17　冷轧带肋钢筋外形

国家标准《冷轧带肋钢筋》（GB 13788—2000）上规定，冷轧带肋钢筋由符号 CRB（C 表示冷轧，R 表示带肋，B 表示钢筋）和钢筋抗拉强度等级数值组成牌号。其力学性能见表 3—12。

表 3—12　　冷轧带肋钢筋的力学性能

牌号	抗拉强度（MPa）	伸长率（%）	
	不小于	不小于	
		δ_{10}	δ_{100}
CRB550	550	8.0	—
CRB650	650	—	4.0
CRB800	800	—	4.0
CRB970	970	—	4.0
CRB1170	1170	—	4.0

冷轧带肋钢筋将逐步取代冷拔低碳钢丝和冷拉钢筋，其中CRB550级钢筋宜做钢筋混凝土构件的受力钢筋、架立钢筋和构造钢筋。其公称直径范围为8～12 mm，通常以盘条供货，也可以直条供货。CRB650及以上牌号为预应力混凝土用钢丝，其公称直径为4 mm、5 mm、6 mm，均以盘条供货。

4. 预应力热处理钢筋

预应力热处理钢筋是用热轧的螺纹经淬火和回火调制热处理而成的，按其外形分为有纵肋和无纵肋两种，如图3—18所示。

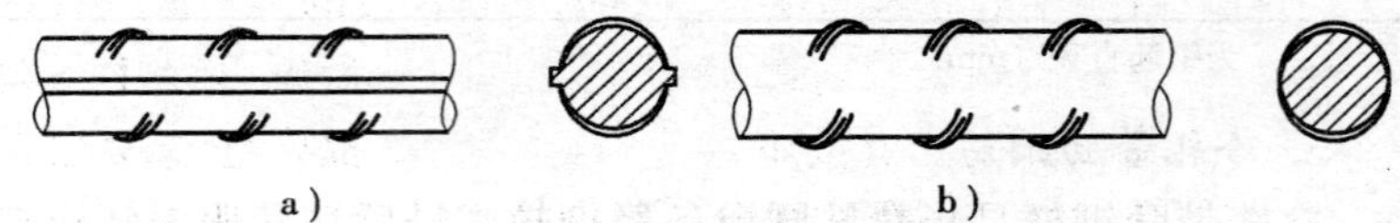

a)　　　　　　　　　　b)

图3—18　热处理钢筋外形

a）有纵肋热处理钢筋　b）无纵肋热处理钢筋

根据《预应力混凝土用钢棒》（GB/T5223.3—2005）的规定，热处理钢筋公称直径为6 mm、8.2 mm、10 mm，分3个牌号，力学性能应符合表3—13的要求。

表3—13　　预应力混凝土用热处理钢筋的力学性能

公称直径（mm）	牌号	屈服点（MPa）	抗拉强度（MPa）	伸长率（%）
		不小于		
6 8.2 10	40Si2Mn 48Si2Mn 45Si2Cr	1 325	1 470	6

模块四　钢筋的验收及保管

一、钢筋的检验

从市场上买回来的钢筋要进行质量检验，判定它是否合格。

钢筋质量是否符合标准将直接影响结构的使用和安全，所以钢筋工要特别重视对钢筋原材料的进场检验工作。钢筋质量检验通常包括外观检查和力学性能检验。下面给出常用钢筋的具体检验方法。

1. 热轧钢筋的检验

（1）外观。钢筋表面不得有裂纹、结疤和皱褶，钢筋表面凸块不得超过横肋的最大高度。外形尺寸必须符合规定，钢筋按定尺长度交货时，其长度允许偏差不得大于 50 mm，钢筋端部应剪切平直，直条钢筋总弯曲度不应超过钢筋长度的 0.4%。

（2）力学性能检验。若以盘条交货，则每盘应是一整条钢筋，应分批验收，每批质量不大于 60 t，在每批中任选两根钢筋，各取一套试样，每套试样取一根做拉力试验（屈服点、抗拉强度、伸长率），另一根做冷弯试验，若有一个项目结果不符合该钢筋力学性能所规定的数值时，则另取双倍数量的试件对不合格项目做第二次试验。如仍不合格，则该批钢筋不予验收。

（3）进口热轧肋形钢筋应有出厂质量保证书及进口商标报告，按国家相应的钢筋标准和合同规定的检验内容进行检验，并要配有化学成分分析报告。

2. 冷拉钢筋的检验

（1）外观。钢筋表面不得有裂纹、结疤、油污及其他影响使用的缺陷，表面可有浮锈，但不得有锈皮及目视可见的麻坑等腐蚀现象。

（2）力学性能检验。分批验收，同批钢筋由同级别、同直径、同冷拉参数的钢筋组成，每批最大数量为：直径≤12 mm 的为 10 t，直径≥14 mm 的为 20 t。从不同的 3 根钢筋上各取一套试样，做拉力试验和冷弯试验，如有一项试验结果不符合该钢筋的力学性能所规定的数值，则取双倍数量的试件重做全部各项试验，如仍有一根试件不合格，则该批钢筋不合格。

3. 冷轧带肋钢筋

(1) 外观。钢筋表面不得有裂纹、结疤、油污及其他影响使用的缺陷，表面可有浮锈，但不得有锈皮及目视可见的麻坑等腐蚀现象。

(2) 力学性能检验。每批钢筋由同一牌号、同一规格、同一级别的钢筋组成，质量不大于50 t，取样方法是在盘的任意一端截去 500 mm 后切取长度不小于公称直径 60 倍的试样。拉伸试验不合要求则该盘钢筋不合格；若冷弯试验不合格，则从同一批未经试验的盘中取双倍数量的试样再进行冷弯，若复检结果仍不合格，则认为整批钢筋不合格。

4. 预应力钢丝的检验（光圆、螺旋肋、刻痕）

(1) 外观。钢丝的圆度不得超过公差之半，钢丝表面不得有裂纹、小刺、机械损伤、氧化铁皮和油污。

(2) 力学性能检验。同一钢号、同一直径、同一抗拉强度和同一交货状态为一批，且每批质量不大于 60 t。在每批钢丝中任取 10%的盘数（不少于 3 盘），每盘钢丝各取一套试件进行抗拉强度、伸长率弯曲次数试验，检验结果中如果有一根试件不符合任一项规定时，除该盘钢丝作为不合格品外，还应从该批未检验过的钢丝盘中再取双倍数量的试件，重做不合格项目的检验，若复核结果仍有一根试件不合格时，则该批钢筋不予验收。

5. 预应力热处理钢筋的检验

(1) 外观。钢筋表面不得有裂纹、结疤和皱褶，钢筋表面凸块不得超过横肋的最大高度。端部应切割平直。

(2) 力学性能检验。以同一外形截面尺寸、同一热处理制度和同一炉罐（批）号的钢筋为一批，且每批质量不大于 60 t。在每批钢筋中选取 10%的盘数（不少于 25 盘），取试样进行拉力试验，如果有一项结果不符合规定的数值，则从同一批中另取双倍数量的试样进行复验，如仍有一项不合格，则该批钢筋不予验收。

二、钢筋的保管

钢筋运到施工场地后，应进行合理的存放和保管，以避免混淆、钢筋锈蚀。在钢筋存放和保管中通常应做好下面几项工作。

（1）挂牌。严格按批、规格、牌号、直径、长度挂牌分别存放，并注明数量。钢筋成品根据工程名称和构件名称，按编号顺序存放。

（2）选择合适的存放场所。钢筋一般应入库存放或入棚存放。条件不具备时，应选择地势较高、通风干燥、地面平坦的露天场地堆放。钢筋垛底应垫高 200 mm 以上，同时保持料场清洁。

（3）钢筋堆垛之间应留出通道以利于查找、起送和存放。

（4）加强防护措施，要避免钢筋接触酸、盐、油等腐蚀性介质，堆放钢筋附近不能有有害气体源，以防止钢筋锈蚀。

（5）设专人管理，建立严格验收、保管、领取管理制度。

第四单元　钢筋加工过程

模块一　准备工作

一、除锈

1. 机具

（1）钢丝刷、麻袋布、砂盘（见图 4—1）。

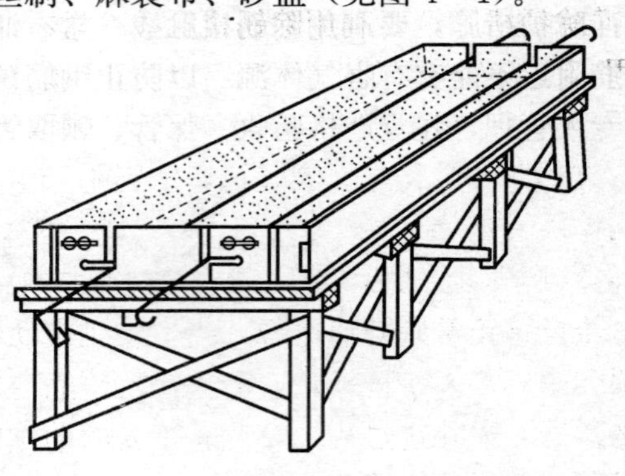

图 4—1　砂盘除锈示意图

（2）固定式钢筋除锈机（见图 4—2）。

2. 工艺

（1）人工除锈。工作量不大或在工地设置的临时工棚中操作时，可用麻袋布擦或用钢丝刷子刷。对于较粗的钢筋，可用砂盘除锈法，即制作钢槽或木槽，槽盘内放置干燥的粗砂和细石子，将有锈的钢筋穿进砂盘中来回抽拉。这类方法工艺简单，但劳动强度相对较大。

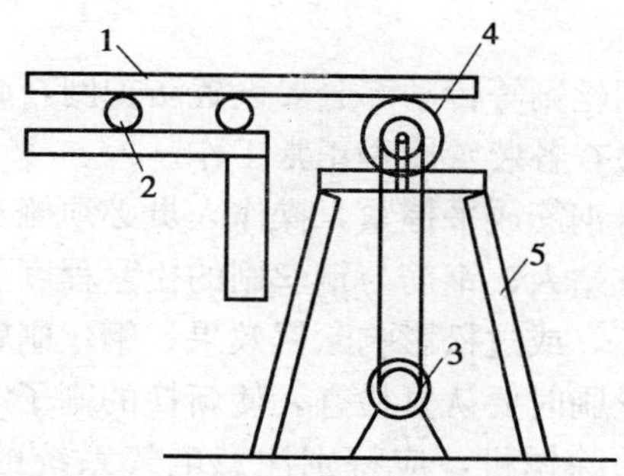

图 4—2　固定式钢筋除锈机

1—钢筋　2—滚道　3—电动机　4—钢丝刷　5—机架

（2）机械除锈。

1）钢筋除锈机除锈。利用除锈机除锈通常有两种施工工艺：

①采用专门的带有圆盘钢丝刷的除锈机除锈，适用于粗钢筋或局部除锈。

②在冷拉和调直过程中自动除锈，适用于处理直径较细的盘条钢筋或钢丝。

机械圆盘钢丝刷除锈机除锈的具体施工工艺为：首先检查除锈机设备，若设备正常则开启电源，当电动机带动圆盘钢丝刷转动时，由两名操作工人平稳地抬起需除锈的钢筋与转动中的钢丝刷相接触来除锈。在除锈过程中，两名工人的动作应协调，并不断地转动钢筋，以保证钢筋除锈完全。

2）喷砂除锈。喷砂除锈就是利用空压机、储砂罐、喷头等设备，通过空压机产生的强大气流形成高压砂流除锈。这种方法适用于大量除锈工作，除锈效果好。

（3）酸洗法除锈。将圆盘钢筋放入硫酸或盐酸溶液中，经化学反应除锈，称为酸洗除锈。一般当钢筋需要进行冷拔加工时采用。如果在酸洗除锈前进行机械除锈，则可以缩短 50％酸洗时间，节约 80％以上的酸液。

3. 安全

传动带、钢丝刷等传动部分要设置防护网，必须设有排尘装置，使用前要检查各装置能否正常工作。

操作时应将钢筋放平握紧，操作人员必须侧身送料，禁止在除锈机的正前方站人；钢筋与钢丝刷的松紧程度要适当，避免过紧使钢丝刷损坏，或过松影响除锈效果；钢丝刷转动时不可清扫锈尘；更换钢丝刷时要认真检查，使新换的刷子牢固。

对于自制的除锈机，应特别注意电气系统的绝缘及接地良好，每次使用前都要认真检查各部位，以确保操作安全。

二、调直

1. 机具

（1）导轮牵引调直装置（见图 4—3）。

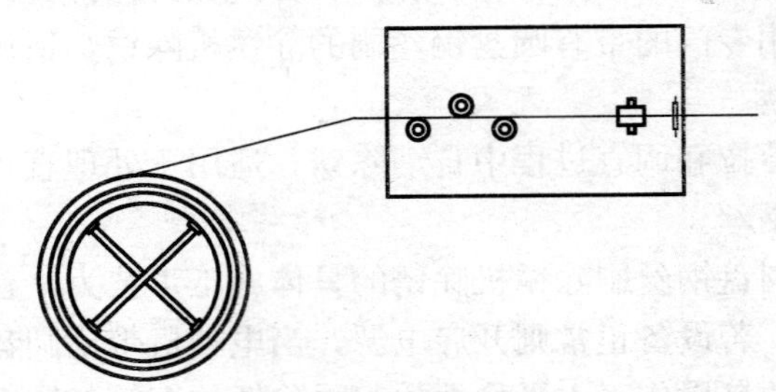

图 4—3　导轮牵引调直装置

（2）绞盘拉直装置（见图 4—4）。

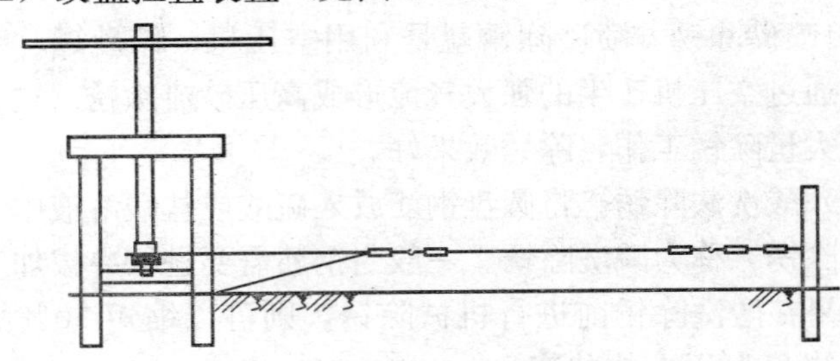

图 4—4　绞盘拉直装置

（3）钢筋调直切断机。常用型号有：GT 1.6/4、GT 3/8、GT 6/12（型号标志中斜线两侧数字表示所能调直切断的钢筋直径大小的上下限）。图 4—5 所示为 GT 3/8 型调直切断机。

图 4—5　GT 3/8 型调直切断机

2. 工艺

（1）手工调直。直径在 10 mm 以下的盘圆钢筋，在施工现场一般采用手工调直。其方法是：在一个平直的工作台上用锤子将钢筋弯折处敲打平直。

直径在 10 mm 以上的钢筋，调直方法是：将钢筋弯折处放在卡盘上的扳柱间，用平头横口扳子将钢筋弯折处基本扳直，然后再将钢筋放在工作台上，用大锤将钢筋调直，如图 4—6 所示。

对于冷拔低碳钢丝，可通过导轮牵引调直。如牵引过的钢丝还存在局部慢弯，可用小锤敲打平直；盘条钢筋可采用绞盘拉直。由于直条粗钢筋一般弯曲较缓，可就势用手扳子扳直。

（2）机械调直

1）检查设备。检查电源线路、电动机运转是否正常；各部件的连接件、传动件是否可靠；电动机系统是否损坏等。

2）放置钢筋。将需调直的盘圆钢筋平稳整齐地放在圈架内。

3）试运转。先空载运行机械，以确认钢筋调直机运转可靠。

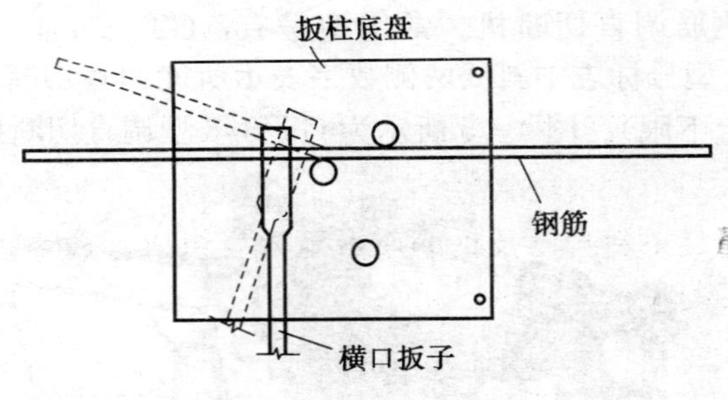

图 4—6　钢筋人工调直

4）调直、断筋。将盘圆钢筋的一端锤打平直，然后穿入调直机内，开动调直机，钢筋经导向筒进入调直筒，由调直筒内的调直块将钢筋调直，同时也可清除表面的锈皮。调直后的钢筋在受料槽中向前运动，顶住定长开关时，接通电路，钢筋被切断。

5）挂牌、堆放。调直好的钢筋应按规格、根数捆绑挂牌，堆放整齐。

3. 安全

（1）调直机应设置挡板和防护罩，以防钢筋伤人。

（2）在调直机操作过程中，不要随意抬起传送压棍。

（3）盘圆钢筋在调直过程中，若有乱丝或钢筋脱架现象，应立即停车整理钢筋。

（4）当每盘钢筋调直接近末端时，为防止钢筋尾段甩弯伤人，在钢筋还剩约 80 cm 时，应暂时停机，安装约 1 m 长的钢管套住钢筋末端，手持钢管，将钢管与调直筒前端的导孔拧紧，然后再开机，让钢筋的尾段顺利通过调直筒。

三、看配料单

1. 配料单

钢筋配料单是根据施工图纸中钢筋的品种、规格及外形尺寸、数量进行编号，并计算下料长度，用表格形式表达的单据。

钢筋配料单是确定钢筋下料加工的依据，是提出材料计划、签发任务单和限额领料单的依据，是钢筋施工的重要工序。合理的配料单既能节约材料，又能简化施工操作。

钢筋配料单一般由构件名称、钢筋编号、钢筋简图、尺寸、钢号、数量、下料长度及钢筋质量等内容组成。表 4—1 是某办公楼钢筋混凝土框架梁 KL2 的配料单。

表 4—1　　某办公楼钢筋配料单

构件名称	钢筋编号	简图	直径 (mm)	钢号	下料长度 (mm)	单位 (根数)	总根数	质量 (kg)
KL2（共 5 根）	①	375 7 800 375	25	Φ	8 435	2	10	325.3
	②	375 7 800 375	25	Φ	8 435	7	35	1 138.4
	③	375 2 806	25	Φ	3 126	4	20	241.1
	④	375 2 806	25	Φ	2 581	8	40	398.1
	⑤	500 250	10	ϕ	1 750	42	210	226.7
备注	合计：ϕ10＝226.7 kg　　Φ25＝2102.9 kg							

注：1. 单位钢筋数量是每一构件同一编号钢筋的根数，总根数是一个单位工程中同一编号钢筋的总根数。

2. 钢筋质量按单位质量即每米重量：［$0.00617D^2$（kg/m）］，D 为钢筋直径（mm）计算。

从表 4—1 中可以看出，某办公楼框架梁 KL2 共有 5 根，其中①号钢筋共有10 根。①号钢筋直径＝25 mm；①号钢筋直段长度＝7 800 mm；两端弯折长度均为375 mm，且弯折为直弯折（90°）；①号钢筋下料长度＝7 800＋375×2－2×2.29×25（90°弯曲调整值）≈8 435.5 mm；①号钢筋质量＝0.006 17×25^2×（8.435×10 根）≈325.3 kg。

从表 4—1 中可以看出，某办公楼框架梁 KL2 中的⑤号箍筋是双肢箍筋（直径＝10 mm），共 210 根；内皮尺寸分别为250 mm、500 mm；弯钩为两斜弯钩（135°）；下料长度＝2×（500＋250）＋25×10（直径）＝1 750 mm；质量＝0.006 17×10^2×（1.75×210 根）≈226.7 kg。

2. 标牌

看懂构件的钢筋配料单后，还需将该构件的每一编号的钢筋制作一块标牌（即料牌），等该编号的钢筋加工完后即可挂上料牌，以便区别各工程项目、构件和各种编号钢筋，防止在钢筋堆放、运输、安装过程中混淆。

钢筋料牌可用 40 mm×50 mm 的薄木板、竹片或纤维制作。钢筋料牌须严格按配料单进行校核，以免返工浪费。现以表4—1所示 KL2 的②号钢筋为例，表示料牌的正、反两面内容（见图4—7）。其他编号的钢筋料牌按此规格填写。

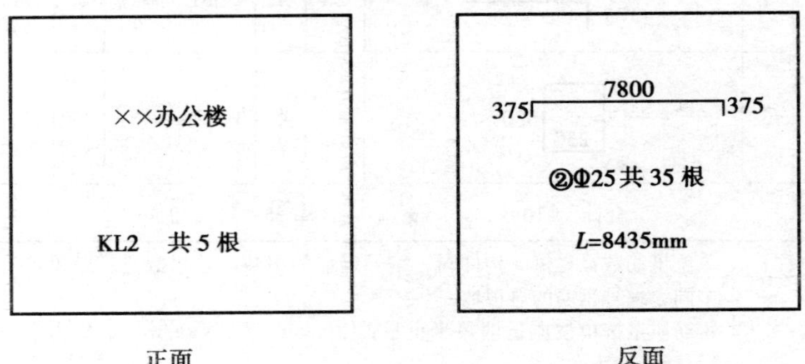

图 4—7 钢筋料牌

模块二　钢筋加工

一、钢筋的切断

钢筋经过调直后，就可根据配料单上的下料长度进行切断操作了。

1. 钢筋切断前的准备工作

（1）复核。根据钢筋配料单，复核料牌上所标注的钢筋种类、直径、尺寸、根数是否正确。

（2）下料方案。根据工地的库存钢筋情况做好下料方案，要长短搭配，长料长用，短料短用，尽量减少损耗。

（3）量度准确。断料时避免使用短尺量长料，防止在量料中产生累计误差。

（4）试切钢筋。调试好切断设备，试切 1～2 根，尺寸无误后再成批加工。

2. 钢筋切断方法

钢筋切断方法分为手工切断和机械切断两种。

（1）手工切断。在缺少机械设备条件时可采用断线钳、手压切断器、手动液压切断器等手工切断钢筋。

切断钢丝时可用断线钳，如图 4—8 所示。

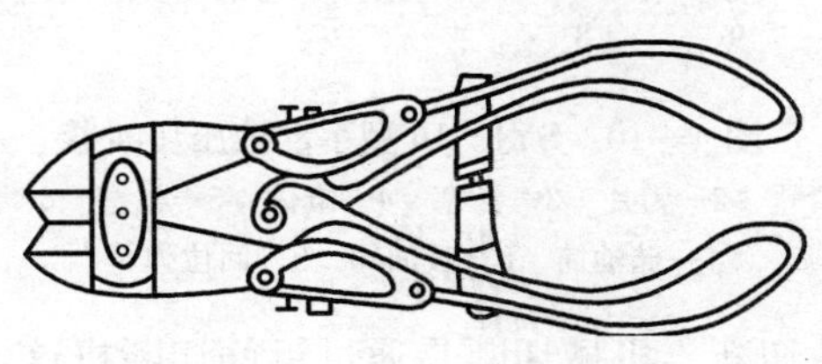

图 4—8　断线钳

切断直径为 16 mm 以下的 HPB235 钢筋可用手压切断器，

如图 4—9 所示。

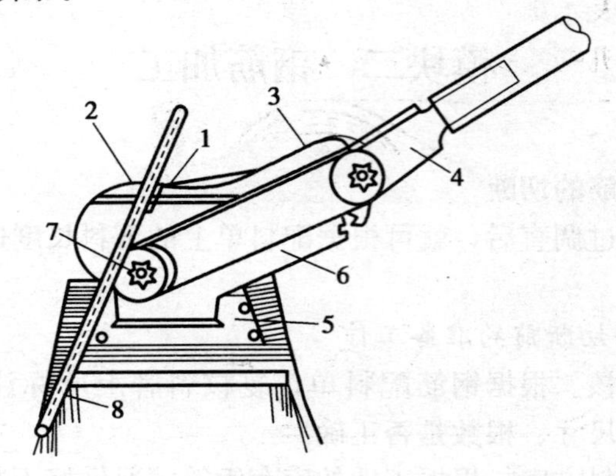

图 4—9　手压切断器

1—固定刀口　2—活动刀口　3—边夹板　4—手柄

5—底座　6—固定板　7—轴　8—钢筋

切断直径不超过 16 mm 的钢筋时，还可用 SYJ - 16 型手动液压切断器，如图 4—10 所示。

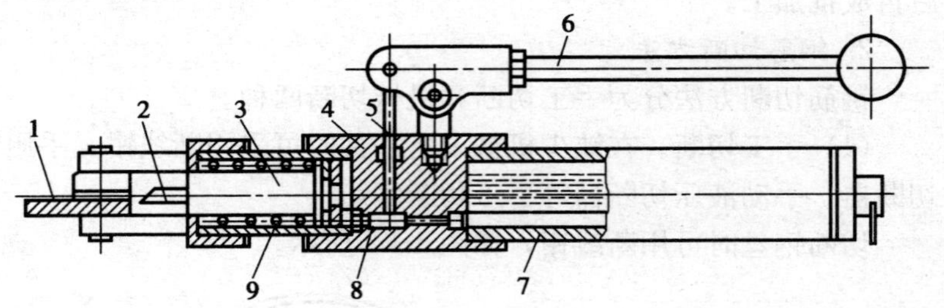

图 4—10　SYJ - 16 型手动液压切断器

1—滑轨　2—刀片　3—活塞　4—缸体　5—柱塞　6—压杆

7—储油筒　8—吸油阀　9—回位弹簧

（2）机械切断。机械切断是通过钢筋切断机这一专用的切断设备来实现钢筋的切断的。

常见的钢筋切断机有 GQ40 型钢筋切断机（见图 4—11），

型号的数字表示可切断钢筋的最大公称直径。表 4—2 列出了常用钢筋切断机的主要技术性能。

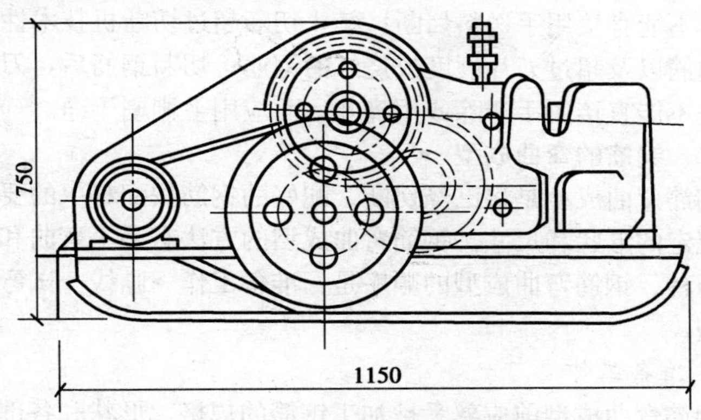

图 4—11 GQ40 型钢筋切断机

表 4—2 常见钢筋切断机的主要技术性能

机械型号	可切断钢筋直径（mm）	切断次数（次/min）	电动机功率（kW）	外型尺寸长×宽×高（mm）	整机质量（kg）
GQ40	6～40	40	3.0	1 150×430×750	600
GQ40A	6～40	40	3.0	1 395×556×780	720
GQ40L	6～40	40	3.0	685×575×984	650

GQ40 型钢筋切断机每次切断钢筋的根数见表 4—3。

表 4—3 GQ40 型钢筋切断机每次切断钢筋的根数

钢筋直径（mm）	5.5～8	9～12	13～16	18～20	20 以上
可切断根数	12～8	6～4	3	2	1

使用钢筋切断机切断钢筋时应注意如下事项：

1）检查设备。使用前应检查电源线路是否损伤，刀片安装是否正确、牢固，润滑油是否充足，电动机运转是否正常等。

2）断料。握紧钢筋，待活动刀片后退时及时将钢筋送进刀口，钢筋与刀口应垂直。

3）安全。不要在活动刀片已开始向前推进时向刀口送料，以免断料不准，甚至发生机械或人身事故；长度在 300 mm 内的短料，不能直接用手送料切断；禁止切断超过切断机技术性能规定的钢筋以及超过刀片硬度或烧红的钢筋；切断钢筋后，刀口处的屑渣不能直接用手清除或用嘴吹，而应用毛刷刷干净。

二、钢筋的弯曲成型

钢筋弯曲成型是将已经切断、配好的钢筋按配料单的要求加工成规定的形状和尺寸。钢筋弯曲成型的方法有手工弯曲和机械弯曲两种。钢筋弯曲成型的顺序是：准备工作→画线→试弯→弯曲成型。

1. 准备工作

钢筋弯曲成型前应熟悉被加工钢筋的规格、形状和各部分尺寸，以便确定弯曲方法、弯曲步骤和所需工具等。

2. 画线

即在下好料的钢筋上根据加工形状，用石笔在需要弯曲的位置上做出标记。

精确画线的方法是：大批量加工时，首先根据钢筋的弯曲类型、弯曲角度、弯曲半径、扳距等因素，分别计算各段尺寸，然后再根据各段尺寸分段画线。在这些位置画线做的标记，称为弯曲点线，即为钢筋弯曲时的弯起位置。

现场小批量的钢筋加工常采用简便的画线方法：即在画钢筋的分段尺寸线时，将不同角度的弯折量度差从相邻两段长度各内扣一半，画上分段尺寸线（这条线也称为弯曲点线）。画线时需扣除的弯折量度差可参考表 4—4。

表 4—4　　画线时需扣除的弯折量度差的经验取值

弯曲角度	90°	60°	45°	30°
量度差值	$2d$	$0.75d$	$0.5d$	$0.25d$

注：d 为弯曲钢筋的直径。

现以各类钢筋为例，说明弯曲点线的画线方法。

（1）梁中部弯起钢筋，如图 4—12 所示。

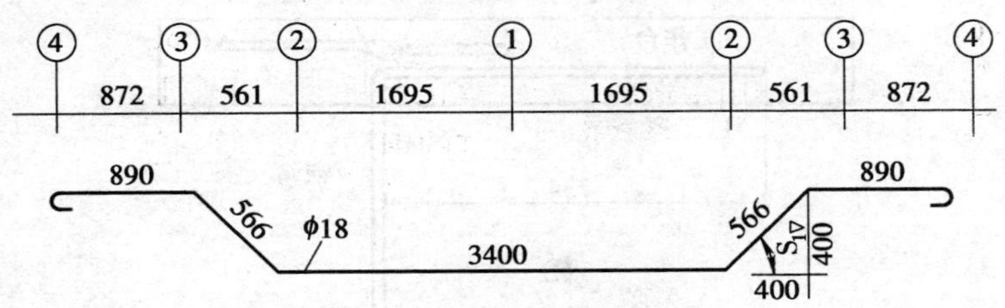

图 4—12　梁中部弯起钢筋画线示意图

1）在钢筋的中心线画第一道线。

2）取中段（3 400）的 1/2 减去 45°弯折量度差的一半，即在 3 400÷2－0.5d÷2＝1 700－0.25×18＝1 695.5 mm 处画第二道线。

3）取斜长（566）减去 45°弯折量度差的一半，即在 566－0.25×18＝561.5 mm 处画第三道线。

4）取直段（890）减去 90°弯折量度差的一半，即在 890－1×18＝872 mm 处画第四道线。

（2）直段钢筋，如图 4—13 所示。

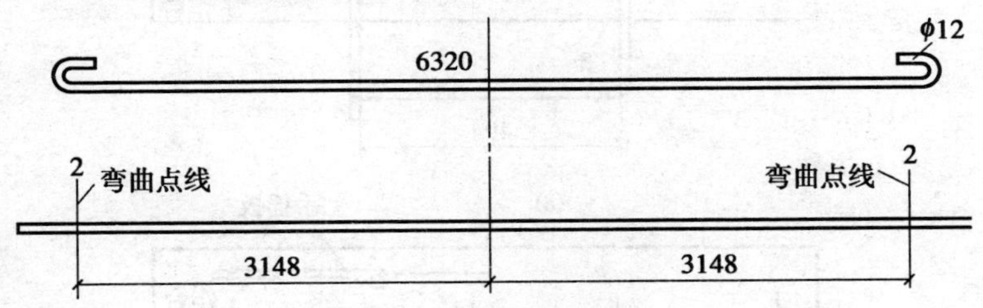

图 4—13　直段钢筋画线示意图

1）在钢筋的中心线画第一道线。

2）取直段（6 320）的 1/2 减去 90°弯折量度差的一半，即在 6 320÷2－2d÷2＝3 160－1×12＝3 148 mm 处画第二道线。

（3）箍筋（内皮尺寸为 500 mm×200 mm，直径为 6 mm，下料长度为 1 481 mm），其画线步骤如图 4—14 所示。

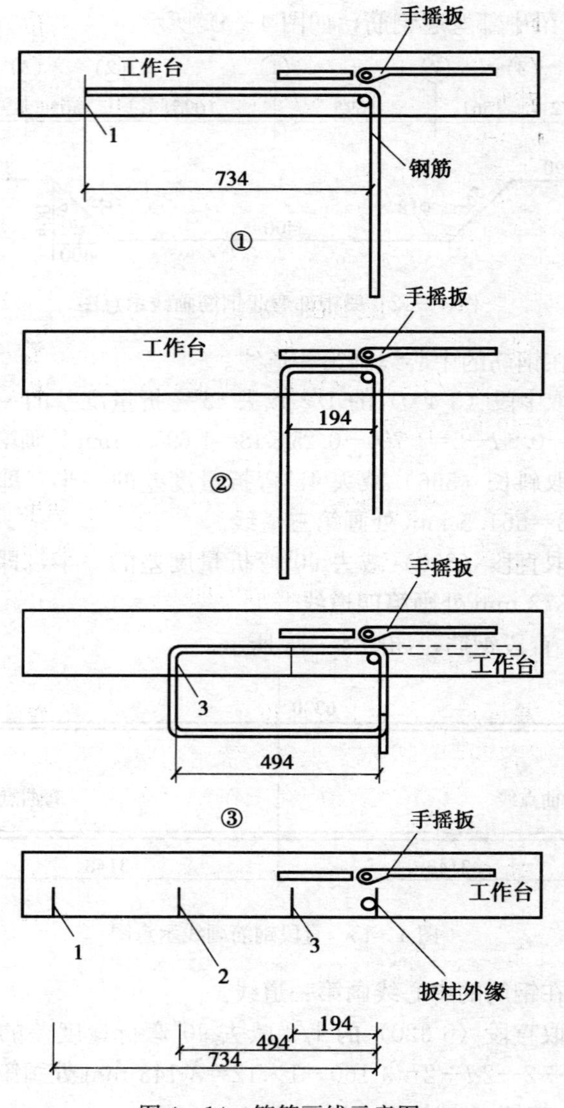

图 4—14 箍筋画线示意图

1—1/2 长标志线 2—短边内侧标志线 3—长边内侧标志线

1）在距扳柱外缘 1 481÷2－d＝734.5 mm 的位置画第一道线 1，即 1/2 标志线。

2）在距扳柱外缘 200－d＝194 mm 的位置画第二道线 2，即短边内侧标志线。

3）在距扳柱外缘 500－d＝494 mm 的位置画第三道线 3，即长边内侧标志线。

以上画的线段即钢筋的弯曲点线，弯制钢筋时即可按这些线段进行弯制。弯曲的角度须在工作台上放出大样。

弯制形状比较简单或同一形状、根数较多的钢筋时，可以不画线，而在工作台上应按各段尺寸要求，固定若干标志，并按标志操作。此法工效较高。

3. 试弯

钢筋画线后，即可试弯 1 根，以检查画线的结果是否符合设计尺寸要求。如不符合，应对弯曲顺序、画线、弯曲标志、扳距等进行调整，待合格后再进行成批弯曲。

4. 弯曲成型

（1）手工弯曲成型。

1）工具和设备。手工弯曲设备简单，常用于弯曲工序少或缺少动力设备的中小型施工现场。常用的有：

①工作台。钢筋的弯曲应在工作台上进行。工作台外形如图 4—15 所示。

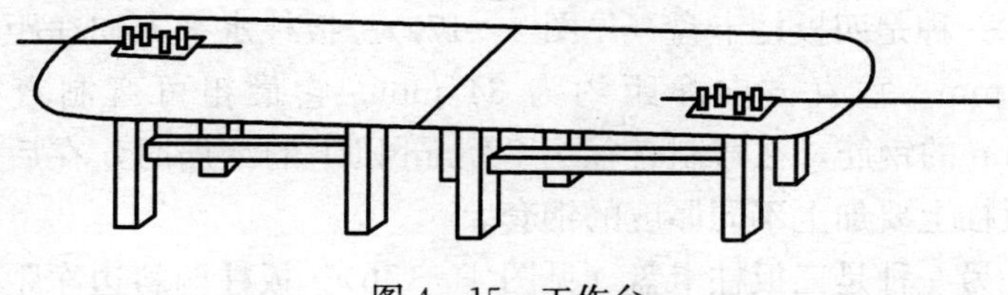

图 4—15　工作台

弯曲细钢筋时台面尺寸一般为 4 000 mm×800 mm（长×宽），弯曲粗钢筋时为 8 000 mm×800 mm（长×宽），高度为

900～1 000 mm。工作台可用木板钉制或钢制。

工作台要求稳固牢靠，能够在承受钢筋弯曲外力时不产生晃动。

②手摇扳。手摇扳由钢板底盘、扳柱、扳手组成，如图 4—16 所示。它主要用来弯制直径在 12 mm 以下的钢筋。操作时，底盘必须固定在工作台上且底盘表面应与工作台面平直。

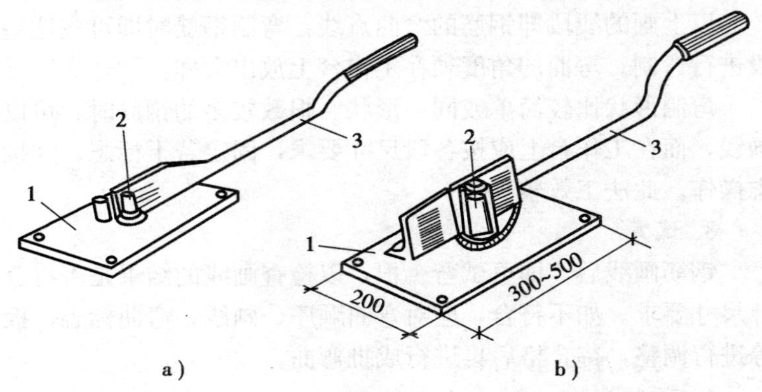

图 4—16　手摇扳

a）弯单根钢筋的手摇扳　b）弯多根钢筋的手摇扳

1—底盘　2—扳柱　3—扳手

③卡盘。卡盘用来弯制粗钢筋，它由钢板底盘和扳柱组成。扳柱焊在底盘上，底盘需固定在工作台上。卡盘有两种形式：

一种是四扳柱卡盘（见图 4—17a)。扳柱水平方向净距约为 100 mm，垂直方向净距约为 34 mm。它最粗可弯制直径为 32 mm的钢筋，在弯制直径为 28 mm 以下的钢筋时，在后面两个扳柱上要加上不同厚度的钢套。

另一种是三扳柱卡盘（见图 4—17b)。扳柱两斜边净距约为 100 mm，底边净距约为 80 mm。这种卡盘不需要配钢套，扳柱的直径视所弯钢筋的粗细而定。一般选用直径为 20～25 mm 的钢筋，可用厚 12 mm 的钢板制作卡盘底盘。

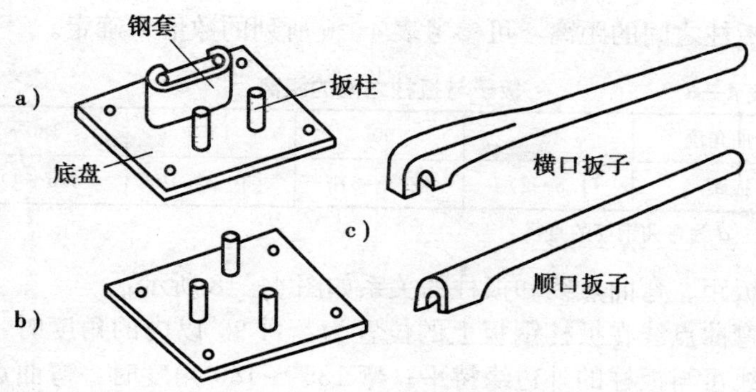

图 4—17 卡盘与钢筋扳子

a）四扳柱卡盘 b）三扳柱卡盘 c）扳子

④钢筋扳子。钢筋扳子是弯制钢筋的手柄工具，它主要与卡盘配合使用，分为横口扳子和顺口扳子两种（见图 4—17c）。

钢筋扳子的扳口尺寸比所弯制的钢筋直径大 2 mm 较为合适。弯曲钢筋时应配有各种规格的扳子。

三扳柱卡盘和横口扳子的主要尺寸见表 4—5。

表 4—5 三扳柱卡盘和横口扳子的主要尺寸 mm

附图	钢筋直径	卡盘尺寸			横口扳子尺寸			
		a	*b*	*c*	*d*	*e*	*h*	*l*
	12～16	50	80	20	22	18	40	1 200
	18～22	65	90	25	28	24	50	1 350
	25～32	80	100	30	38	34	76	2 100

2）手工弯曲成型步骤。为保证钢筋弯曲形状和弯曲弧准确，操作时扳子不碰到扳柱，扳子与扳柱间应保持一定距离。一般扳

子与扳柱之间的距离，可参考表 4—6 所列的数值来确定。

表 4—6　　扳子与扳柱之间的距离

弯曲角度	45°	90°	135°	180°
扳距	(1.5～2)d	(2.5～3)d	(3～3.5)d	(3.5～4)d

注：d 为弯曲钢筋的直径。

扳距、弯曲点线和扳柱的关系如图 4—18 所示。

弯曲点线在扳柱钢板上的位置为：弯 90°以内的角度时，弯曲点线可与扳柱的外边缘持平；弯 135°～180°角度时，弯曲点线距扳柱边缘的距离约为一个钢筋的直径（1d）。

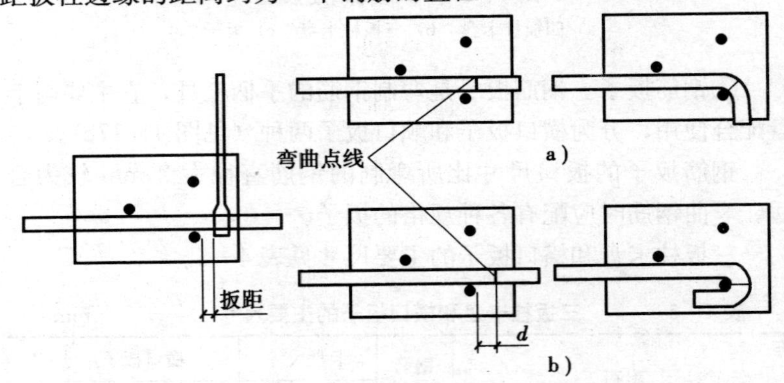

图 4—18　扳距、弯曲点线和扳柱的关系

不同钢筋的弯曲步骤分述如下：

①箍筋的弯曲成型。箍筋的弯曲成型步骤分为五步，如图 4—19 所示。

第一步：按照在工作台上标出的 1/2 长标记线位置，弯折 90°。

第二步：根据短边内侧标记线，弯折短边 90°。

第三步：根据长边内侧标记线，弯折长边 135°弯钩。

第四步：再根据长边内侧标记线，弯折长边 90°。

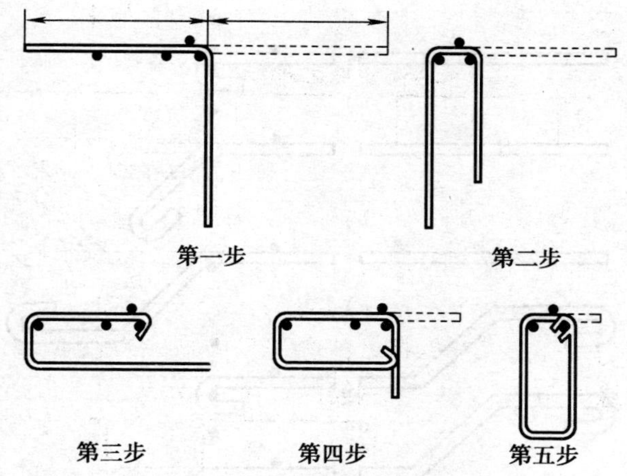

图 4—19　箍筋的弯曲成型步骤示意图

第五步：根据短边内侧标记线，弯折短边 135°弯钩。

②弯起钢筋的弯曲成型。弯起钢筋的弯曲成型步骤示意图如图 4—20 所示。一般弯起钢筋的长度较大，故通常在工作台的两端设置卡盘，分别在工作台的两端同时完成成型工序。

当钢筋的弯曲形状比较复杂时，可预先放出实样，再用扒钉钉在工作台上，以控制各个弯转角，如图 4—21 所示。

3）手工弯曲注意事项。

①弯制钢筋时，扳子一定要托平，不能上、下摆动，以免弯出的钢筋产生翘曲。

②注意放正弯曲点线，搭好扳子，注意扳距，以保证弯制后钢筋的形状、尺寸准确。起弯时用力要慢，以防止扳子脱落，结束时要平稳。

③不允许在高空或脚手架上弯制粗钢筋，以防钢筋坠落伤人或因操作时脱扳造成人员高空坠落。

④在弯曲配筋密集的构件钢筋时，要严格控制钢筋各段尺寸及起弯角度，每种编号钢筋应试弯一个，安装合适后再成批生产。

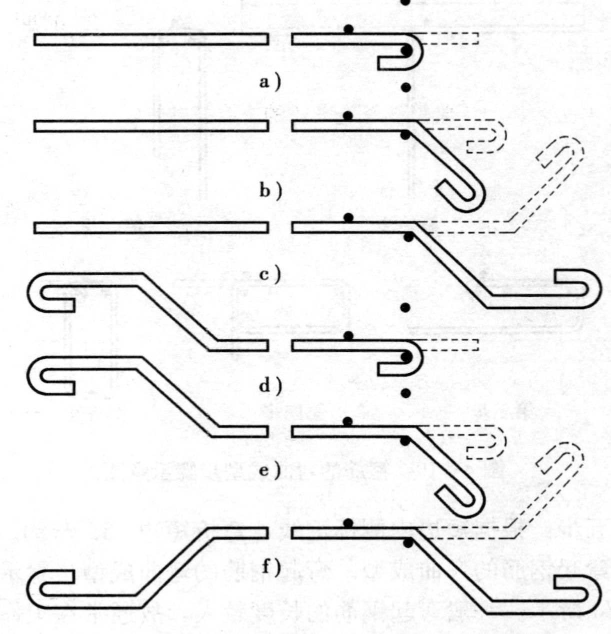

图 4—20　弯起钢筋的弯曲成型步骤示意图

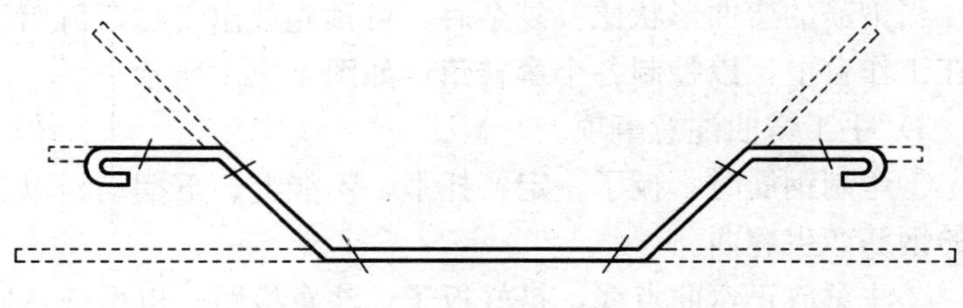
图 4—21　钢筋扒钉成形

（2）机械弯曲成型。

1）机械设备。

①钢筋弯曲机。钢筋弯曲机是钢筋机械加工的主要机具设备，其生产效率高，质量易于保证。其常用型号有 GW40 型和 GW50 型等，型号的数字表示可弯曲钢筋的最大公称直径，常见

钢筋弯曲机的主要技术性能见表 4—7，GW40 型钢筋弯曲机每次弯曲钢筋根数见表 4—8。

表 4—7　　常见钢筋弯曲机的主要技术性能

机械型号	可弯钢筋直径（mm）	弯曲转速（r/min）	电动机功率（kW）	外型尺寸长×宽×高（mm）	整机质量（kg）
GW40	6～40	5	350	870×760×710	400
GW40A	6～40	9	350	1 050×760×828	450
GW50	25～50	2.5	320	1 450×800×760	580

表 4—8　　GW40 型钢筋弯曲机每次弯曲钢筋根数

钢筋直径（mm）	10～12	14～16	18～20	22～40
可弯曲根数	4～6	3～4	2～3	1

常用的 GW40 型钢筋弯曲机的俯视图如图 4—22 所示。

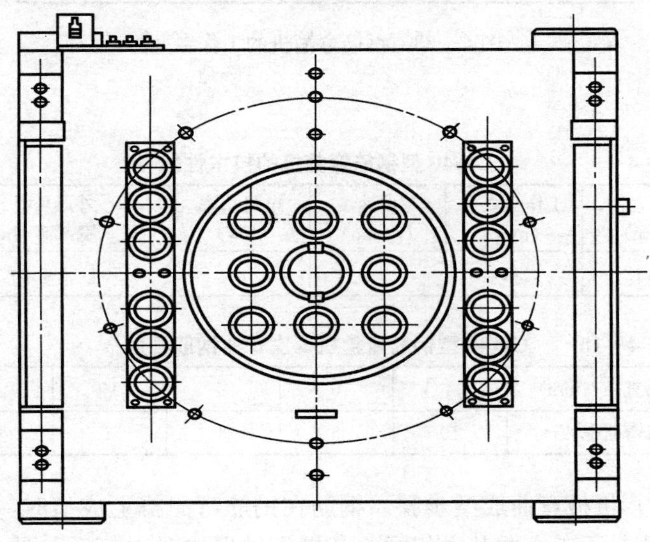

图 4—22　GW40 型钢筋弯曲机的俯视图

②钢筋弯箍机。钢筋弯箍机是一种弯制箍筋的专用机械，其工作效率高，加工质量稳定。钢筋弯箍机的工作台面如图 4—23 所示，GW40 型钢筋弯箍机的技术性能及每次弯曲钢筋根数分别见表 4—9 和表 4—10。

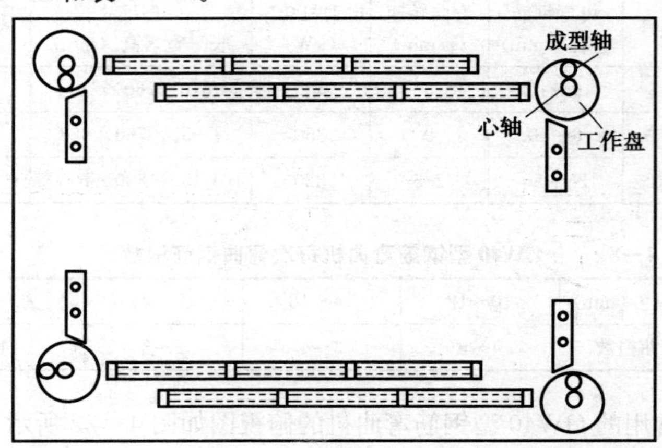

图 4—23 钢筋弯箍机的工作台面

表 4—9 GW40 型钢筋弯箍机的技术性能

钢筋直径（mm）	工作盘直径（mm）	弯曲速度（r/min）	电机功率（kW）	外形尺寸 长×宽×高（mm）
6～12	240	31	3	1 900×1 452×900

表 4—10 GW40 型钢筋弯箍机每次弯曲钢筋根数

钢筋直径（mm）	4	6	8	10	12
可弯曲根数	10	6	3	2	1

2）机械弯曲成型步骤。钢筋在钢筋弯曲机上成型时，其弯曲步骤与手工弯曲基本相同，其操作过程如图 4—24 和图 4—25 所示。

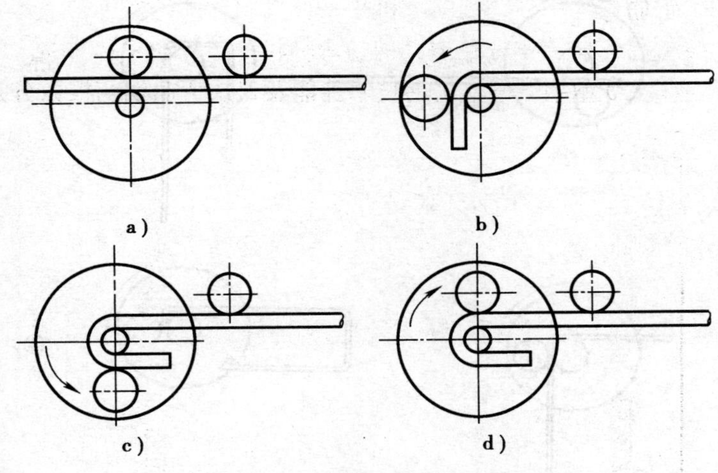

图 4—24　钢筋弯曲机的操作过程

a）装料　b）弯 90°　c）弯 180°　d）回位

3）机械弯曲注意事项。

①对操作人员应进行岗前培训和岗位教育，严格执行操作规程。

②钢筋弯曲机应设专人负责，非工作人员不得随意操作。

③用钢筋弯曲机弯曲钢筋时，应先做试弯，以摸索规律。

④操作前要对机械的传动部分、各工作机构、防护设备、电动机接地及各润滑部位进行全面检查后，再进行试运转，确认正常后方可开机作业。

⑤要熟悉倒顺开关的使用方法及所控制的工作盘旋转方向，使钢筋的放置与成型轴、挡铁轴的位置相配合。

⑥严禁在机械运转过程中更换心轴、成型轴、挡铁轴，或进行清扫、加注润滑油等。保养工作必须在停机后方可进行。

⑦钢筋在弯曲机上进行弯曲时，其形成的圆弧弯曲直径是借助于心轴直径实现的，故要根据钢筋粗细和所要求的圆弧弯曲直

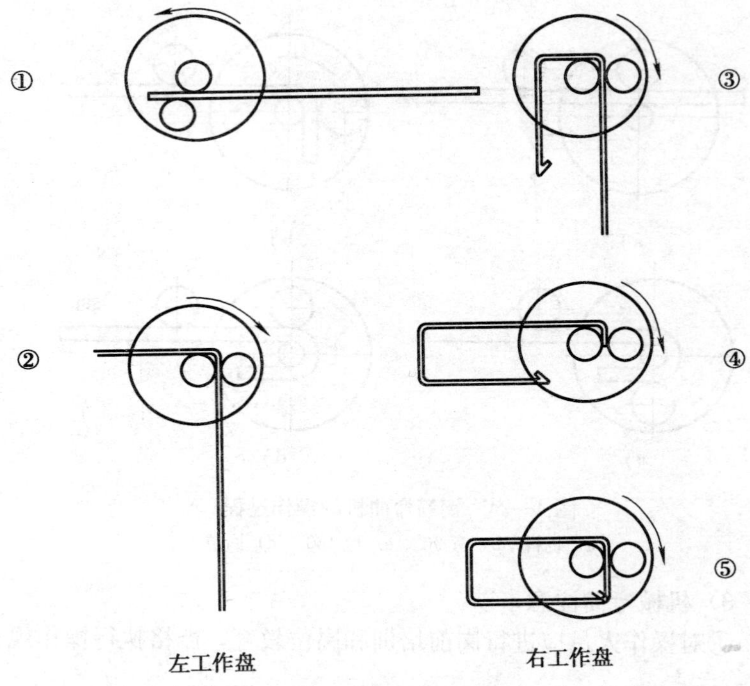

图 4—25　弯箍机弯制箍筋顺序

径大小随时更换心轴、成型轴。

⑧钢筋弯曲机运转时，成型轴与心轴同时转动，有时可能会带动钢筋向前滑移。所以弯曲后线点会走偏，画线的线点和心轴边缘的距离应参考机械的使用要求和经验来确定。

⑨弯曲较长的钢筋应有专人帮助扶持，帮助人员应听从指挥，不得任意推送。

5. 弯曲成型的成品管理

对钢筋加工工序而言，弯曲成型后的钢筋就算是“成品”了。

（1）成品的质量要求。成品质量必须通过加工操作人员自检，进入成品仓库的要由专职质量检查人员复检合格。

钢筋加工的质量按照《混凝土结构工程施工质量验收规范》（GB 50204—2002）的规定，应满足下列要求：

1）钢筋的弯钩和弯折应符合表 4—11 的规定。

表 4—11　　钢筋弯钩、弯折形状和尺寸要求

钢筋类型	牌号或部位	形状	弯弧内直径	弯钩平直部分长度
受力钢筋	HPB235	180°弯钩	≥2.5d	≥3d
	HRB335、HRB400	135°弯钩	≥4d	按设计要求
	—	≤90°弯钩	≥5d	—
箍筋	一般结构	≥90°弯钩	≥2.5d_0，≥d	≥5d_0
	抗振结构	135°弯钩	≥2.5d_0，≥d	≥10d_0

注：表中 d_0 为箍筋直径，d 为受力钢筋直径。

2）钢筋加工的允许偏差应符合表 4—12 的规定。

表 4—12　　钢筋加工允许偏差

项目	允许偏差（mm）
受力钢筋顺长度方向全长的净尺寸	±10
弯起钢筋的弯折位置	±20
箍筋内径尺寸	±5

（2）成品保护。

1）钢筋成品在运送、堆放过程中必须轻抬轻放，以避免产生变形。

2）钢筋成品经验收合格后，应按编号挂上料牌，分类堆放。

3）钢筋成品堆放时可按使用的先后顺序堆放，以防止先用的被压在下面，避免使用时翻垛造成成型的钢筋变形。

4）钢筋成品应堆放在库房里，库房应防雨防水，地面保持干燥，并做好支垫。

三、钢筋的连接

工程上所用的钢筋除少量直径小的（一般 8 mm 以下）以圆盘供货外，其余均以直条供货。直条供货长度一般在 6～9 m，当构件中所需钢筋长度超过供货长度时，或为节约钢材合理利用下料后剩余段的钢筋时，就需要把这些钢筋接长后使用，所以钢筋的连接是钢筋工经常遇到的一项工作。

目前，工程上钢筋连接的方法有：焊接、机械连接及绑扎搭接。前两种方法受力可靠但工艺要求高；绑扎搭接方法相对而言工艺简单、施工方便，在工程上应用较广，此连接方法安排在下一模块中讲述。

1. 钢筋焊接

钢筋焊接的方法有电阻点焊、闪光对焊、电弧焊、电渣压力焊、气压焊、预埋件钢筋埋弧压力焊等。需强调的是：从事钢筋焊接施工的焊工必须持有焊工合格证才能上岗操作。

《钢筋焊接及验收规程》（JGJ 18—2003）对钢筋焊接方法的运用范围有规定，见表 4—13。

表 4—13　　钢筋焊接方法的适用范围

焊接方法	接头型式	适用范围	
		钢筋牌号	钢筋直径（mm）
电阻点焊	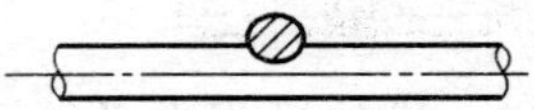	HPB235 HRB335 HRB400 CRB550	8～16 6～16 6～16 4～12
闪光对焊	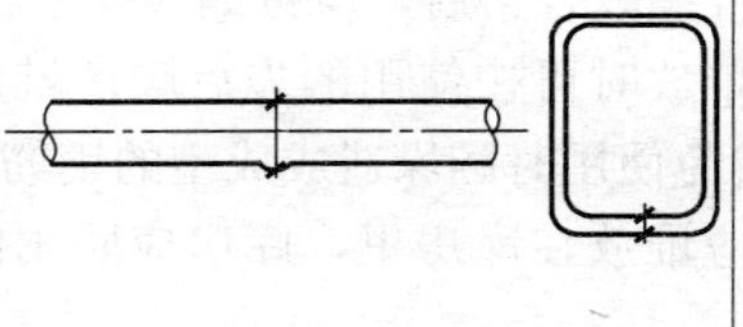	HPB235 HRB335 HRB400 RRB400 HRB500 Q235	8～20 6～40 6～40 10～32 10～40 6～14

续表

焊接方法			接头型式	适用范围	
				钢筋牌号	钢筋直径（mm）
电弧焊	帮条焊	双面焊	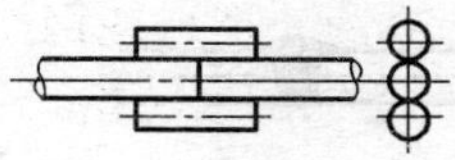	HPB235 HRB335 HRB400 RRB400	10～20 10～40 10～40 10～25
		单面焊		HPB235 HRB335 HRB400 RRB400	10～20 10～40 10～40 10～25
	搭接焊	双面焊	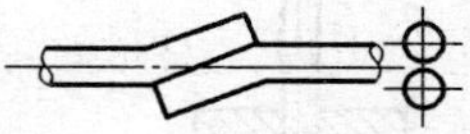	HPB235 HRB335 HRB400 RRB400	10～20 10～40 10～40 10～25
		单面焊	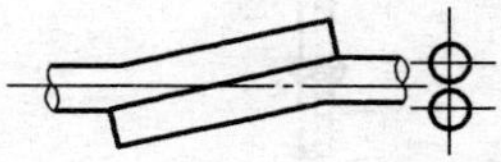	HPB235 HRB335 HRB400 RRB400	10～20 10～40 10～40 10～25
	熔槽帮条焊		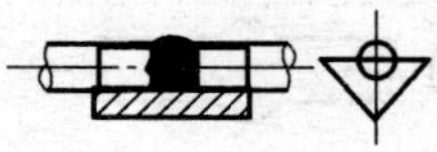	HPB235 HRB335 HRB400 RRB400	20 20～40 20～40 20～25
	坡口焊	平焊		HPB235 HRB335 HRB400 RRB400	18～20 18～40 18～40 18～25
		立焊		HPB235 HRB335 HRB400 RRB400	18～20 18～40 18～40 18～25
	钢筋与钢板搭接焊		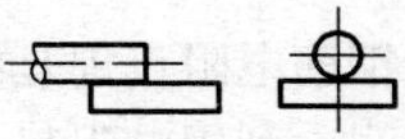	HPB235 HRB335 HRB400	8～20 8～40 8～25

续表

<table>
<tr><th colspan="3" rowspan="2">焊接方法</th><th rowspan="2">接头型式</th><th colspan="2">适用范围</th></tr>
<tr><th>钢筋牌号</th><th>钢筋直径（mm）</th></tr>
<tr><td rowspan="3">电弧焊</td><td colspan="2">窄间隙焊</td><td></td><td>HPB235
HRB335
HRB400</td><td>16～20
16～40
16～25</td></tr>
<tr><td rowspan="2">预埋件电弧焊</td><td>角焊</td><td></td><td>HPB235
HRB335
HRB400</td><td>8～20
6～25
6～25</td></tr>
<tr><td>穿孔塞焊</td><td></td><td>HPB235
HRB335
HRB400</td><td>20
20～25
20～25</td></tr>
<tr><td colspan="3">电渣压力焊</td><td></td><td>HPB235
HRB335
HRB400</td><td>14～20
14～32
14～32</td></tr>
<tr><td colspan="3">气压焊</td><td></td><td>HPB235
HRB335
HRB400</td><td>14～20
14～40
14～40</td></tr>
<tr><td colspan="3">预埋件钢筋埋弧压力焊</td><td></td><td>HPB235
HRB335
HRB400</td><td>8～20
6～25
6～25</td></tr>
</table>

注：1. 电阻点焊时，适用范围的钢筋直径系指 2 根不同直径钢筋交叉叠接中较小钢筋的直径。

2. 当设计图纸规定对冷拔低碳钢丝焊接网进行电阻点焊，或对原 RL540 钢筋（Ⅳ级）进行闪光对焊时，可按本规程相关条款的规定实施。

3. 钢筋闪光对焊含封闭环式箍筋闪光对焊。

（1）钢筋电阻点焊。钢筋电阻点焊是将两钢筋安放成交叉叠接形式，压紧于两电极之间，利用电阻热熔化母材金属，加压形成焊点的一种压焊方法。

钢筋电阻点焊主要用于钢筋的交叉连接，如混凝土结构中的钢筋焊接骨架、钢筋焊接网等。它的生产效率高，节约材料，应用比较广泛。

1）点焊机。点焊机如图 4—26 所示，主要由加压机构、焊接回路、电极等组成。

其工作原理是钢筋交叉点焊时，接触点小，接触处的电极电阻很大，接触瞬间产生的巨大热量使金属熔化，在电极压力下使焊点的金属得到焊合。

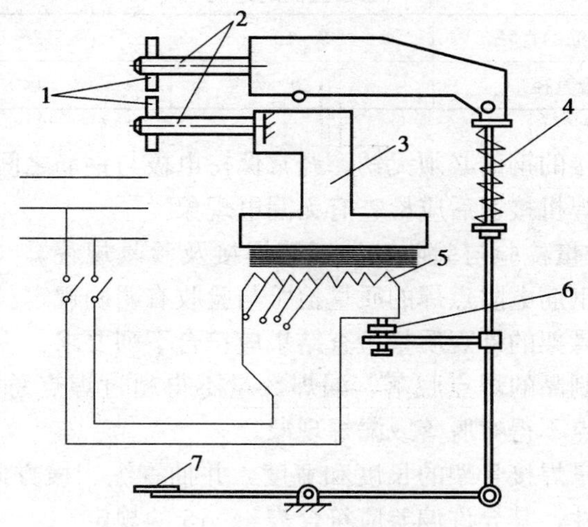

图 4—26　点焊机

1—电极　2—电极臂　3—变压器的二次绕组　4—加压机构
5—变压器的一次绕组　6—断路器　7—踏板

2）操作工艺。钢筋电阻点焊工艺过程包括预压、通电、锻压三个阶段，电阻点焊时应根据钢筋牌号、直径以及点焊机性能等具体情况，选择合适的变压器级数、焊接通电时间和电极压力。焊点的压入深度应为较小钢筋直径的 18%～25%。

3）注意事项。

①当两根钢筋直径不同时，焊接骨架较小的钢筋直径若小于或等于 10 mm，则大、小钢筋直径之比不宜大于 3；较小钢筋直径若为 12～16 mm 时，大、小钢筋直径之比不宜大于 2。对于焊接网，则要求较小钢筋直径不得小于较大钢筋直径的 0.6 倍。

②在点焊生产中，电极端部除应经常保持清洁和平整之外，当发现电极使用产生变形时，应及时修整。

③点焊钢筋时电极的直径应根据较细钢筋的直径选用，并应符合表 4—14 的规定。

表 4—14　　电极直径的选用　　mm

较细钢筋的直径	3～10	12～14
电极直径	30	40

④焊接的钢筋必须无锈，经常保持电极与钢筋之间接触表面良好；点焊机接通后应检查有无漏电现象。

4）质量检验与验收。《钢筋焊接及验收规程》（JGJ 18—2003）对钢筋电阻点焊的质量检验与验收有明确规定。

焊接骨架的外观质量检查结果应符合下列要求：

每件制品的焊点脱落、漏焊数量不得超过焊点总数的 4%，且相邻焊点不得有脱落或漏焊现象。

应测量焊接骨架的长度和宽度，并抽查纵、横方向 3～5 个网格的尺寸，其允许偏差应符合表 4—15 的规定。

表 4—15　　焊接骨架的允许偏差

项目		允许偏差（mm）
焊接骨架	长度	±10
	宽度	±5
	高度	±5
骨架箍筋间距		±10
受力主筋	间距	±15
	排距	±5

当外观检查结果不符合上述要求时，应逐件检查，并剔出不合格品。对不合格品经整修后，可提交二次验收。

焊接网外形尺寸检查和外观质量检查结果应符合下列要求：

焊接网的长度、宽度及网格尺寸的允许偏差均为±10 mm；网片两对角线之差不得大于 10 mm；网格数量应符合设计规定。

焊接网交叉点开焊的数量不得大于整个网片交叉点总数的 1%，且任意一根横筋上开焊点数不得大于该根横筋交叉点总数的 1/2；焊接网最外边钢筋上的交叉点不得开焊。

焊接网组成的钢筋表面不得有裂纹、折叠、结疤、凹坑、油污及其他影响使用的缺陷，但焊点处可有不大的毛刺和表面浮锈。

（2）钢筋闪光对焊。钢筋闪光对焊是将两根钢筋安放成对接形式，利用电阻热使接触点金属熔化，产生强烈飞溅，形成闪光，迅速施加顶锻力完成的一种压焊方法。

钢筋的对接焊接宜采用闪光对焊，它常用于钢筋接长及预应力钢筋与螺钉端杆的焊接。闪光对焊后钢筋外形如图 4—27 所示。

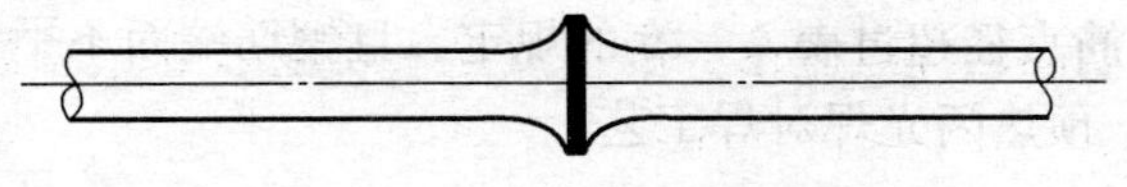

图 4—27 闪光对焊后钢筋外形

1）闪光对焊机。闪光对焊机如图 4—28 所示。其工作原理是利用对焊机使两段钢筋接触产生电阻热，使金属熔化，产生强烈飞溅，形成闪光，然后利用轴向送进机构进行轴向加压顶锻，使两段钢筋牢固地焊接在一起。

2）操作工艺。钢筋闪光对焊工艺有三种：连续闪光焊、预热闪光焊、闪光-预热闪光焊。其焊接工艺方法按下列规定选择：

当钢筋直径较小，钢筋牌号较低（在表 4—16 规定的范围

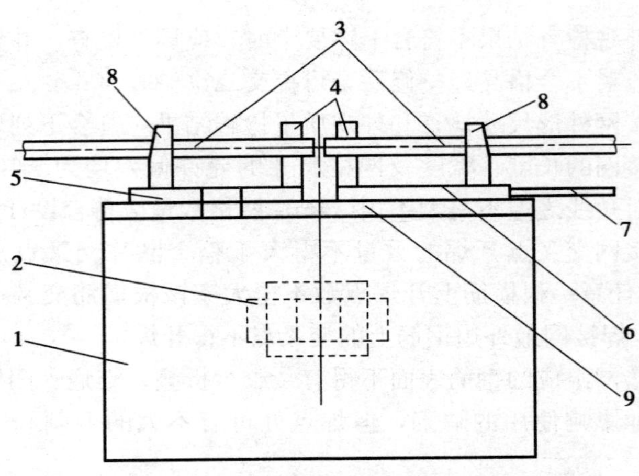

图 4—28　闪光对焊机

1—机架　2—变压器　3—钢筋　4—夹紧机构　5—固定座板
6—动板　7—送进机构　8—顶座　9—导轨

内）时，可采用连续闪光焊对焊工艺。

当钢筋直径超过表 4—16 的规定，且钢筋端面较平整时，宜采用预热闪光焊对焊工艺。

当钢筋直径超过表 4—16 的规定，且钢筋端面不平整时，宜采用闪光-预热闪光焊对焊工艺。

表 4—16　　　　　　连续闪光焊钢筋上限直径

焊机容量（kV・A）	钢筋牌号	钢筋直径（mm）
160（150）	HPB235 HRB335 HRB400 RRB400	20 22 20 20
100	HPB235 HRB335 HRB400 RRB400	20 18 16 16

续表

焊机容量（kV·A）	钢筋牌号	钢筋直径（mm）
80（75）	HPB235 HRB335 HRB400 RRB400	16 14 12 12
40	HPB235 Q235 HRB335 HRB400 RRB400	10

其工艺过程为：

①连续闪光焊。

对焊前清除钢筋端头约 150 mm 范围内的铁锈、污泥等，钢筋端头如有弯曲，应调直或切除。

将两根钢筋分别夹在对焊机的两个电极上。

闭合电源，使两根钢筋的端部轻微接触形成闪光。闪光开始时徐徐移动钢筋，形成连续闪光过程，接头同时被加热。

待接头加热烧平，闪去杂质和氧化膜，达到焊接温度后，立即进行带电和断电顶锻，使两根钢筋焊牢。

②预热闪光焊。预热闪光焊与连续闪光焊不同的是在焊接前增加预热过程，即电源闭合后开始以较小的压力使钢筋接触，然后离开，反复多次这样预热将钢筋顶锻接长。

③闪光-预热闪光焊。闪光-预热闪光焊是在预热、闪光焊之前，再增加一个闪光过程，其目的是烧去钢筋端面的不平整部分，以便使整个端面加热温度均匀，在此基础上再实施预热闪光焊。

3）质量检验与验收。《钢筋焊接及验收规程》（JGJ 18—2003）对钢筋闪光对焊的质量检验与验收有明确规定。

闪光对焊接头外观检查结果应符合下列要求：

接头处不得有横向裂纹。与电极接触处的钢筋表面不得有明显烧伤。接头处的弯折角不得大于 3°。接头处的轴线偏移不得大于钢筋直径的 0.1 倍，且不得大于 2 mm。

（3）钢筋电弧焊。钢筋电弧焊是以焊条作为一极，钢筋作为另一极，利用焊接电流通过产生的电弧热进行焊接的一种熔焊方法。如图 4—29 所示即是手工电弧焊的原理示意图。

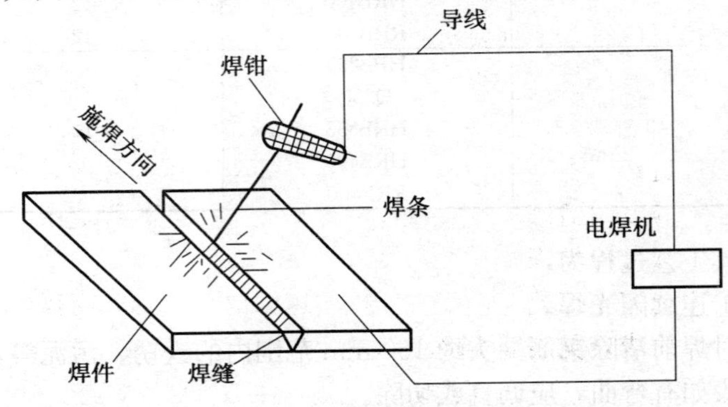

图 4—29　手工电弧焊的原理示意图

1）弧焊机和焊条。弧焊机有直流弧焊机和交流弧焊机两种，施工现场一般采用交流弧焊机。

焊条的种类很多，有 E43、E50、E55 多个系列。电弧焊所使用的焊条应符合国家标准《碳钢焊条》（GB/T 5117）或《低合金钢焊条》（GB/T 5118）的规定，其型号应根据设计确定；若设计无规定时，可按表 4—17 选用。

表 4—17　钢筋电弧焊焊条型号

钢筋牌号	电弧焊接头型式			
	帮条焊 搭接焊	坡口焊 熔槽帮条焊 预埋件穿孔塞焊	窄间隙焊	钢筋与钢板搭接焊 预埋件 T 形角焊
HPB235	E4303	E4303	E4316　E4315	E4303
HRB335	E4303	E5003	E5016　E5015	E4303
HRB400	E5003	E5503	E6016　E6015	E5003
RRB400	E5003	E5503	—	—

当采用低氢型碱性焊条时，应按说明书的要求烘焙，且宜放入保温筒内保温使用；酸性焊条若在运输或存放中受潮，使用前也应烘焙。

2）工艺要求。电弧焊接头型式及应用范围详见表 4—17。

焊接时应符合下列要求：

应根据钢筋级别、直径、接头型式和焊接位置选择适宜的焊条、焊接工艺和焊接参数。焊接时，引弧应在垫板、帮条或形成焊缝部位进行，不得烧伤主筋。焊接地线应与钢筋接触紧密。焊接过程中应及时清渣，焊缝表面应保持光滑平整，焊缝余高应平缓过渡，弧坑应填满。

除以上基本工艺要求外，不同的电弧焊接头形式对操作工艺也有具体要求，见表 4—18。

表 4—18　　常见形式电弧焊的工艺要求

焊接方法	工艺要求
帮条焊	①宜采用双面焊，当不能进行双面焊时方可采用单面焊 ②帮条长度或搭接长度应符合下列要求：对 HPB235 级钢筋单面焊≥8d，双面焊≥4d；对 HRB335、HRB400、RRB400 级钢筋单面焊≥10d，双面焊≥5d ③帮条直径。当帮条牌号与主筋相同时，帮条直径可与主筋相同或小一个规格；当帮条直径与主筋相同时，帮条牌号可与主筋相同或低一个牌号 ④焊缝厚度 s 不应小于主筋直径的 0.3 倍，焊缝宽度 b 不应小于主筋直径的 0.8 倍
搭接焊	⑤帮条焊时两主筋端面的间隙应为 2～5 mm；搭接焊时焊接端钢筋应预弯，并应使两钢筋的轴线在同一直线上 ⑥帮条焊时帮条与主筋之间应用四点定位焊固定，搭接焊时应用两点固定 ⑦焊接时应在焊缝中引弧，在端头收弧前应填满弧坑，并应使主焊缝与定位焊缝的始端与终端熔合
熔槽帮条焊	①角钢边长宜为 40～60 mm ②钢筋端头应加工平整 ③从接缝处垫板引弧后应连续施焊，并应使钢筋端部熔合，以防止未焊透、有气孔或夹渣

续表

焊接方法	工艺要求
熔槽帮条焊	④焊接过程中应停焊清渣 1 次；焊平后，再进行焊缝余高的焊接，其高度不得大于 3 mm ⑤钢筋与角钢垫板之间应加焊侧面 1～3 层，焊缝应饱满，表面应平整
坡口焊	①坡口面应平顺，切口边缘不得有裂纹、钝边和缺棱 ②钢垫板厚度宜为 4～6 mm，长度宜为 40～60 mm；平焊时垫板宽度应为钢筋直径加 10 mm；立焊时垫板宽度宜等于钢筋直径 ③焊缝的宽度应大于 V 形坡口的边缘 2～3 mm，焊缝余高不得大于 3 mm，并平缓过渡至钢筋表面 ④钢筋与钢垫板之间应加焊两、三层侧面焊缝 ⑤当发现接头中有弧坑、气孔及咬边等缺陷时，应立即补焊
窄间隙焊	①焊接时钢筋端部应置于铜模中，并应留出一定间隙 ②钢筋端面应平整 ③从焊缝根部引弧后应连续进行焊接，左右来回运弧，在钢筋端面处电弧应少许停留，并使其熔合 ④当焊至端面间隙的 4/5 高度后，焊缝逐渐扩宽；当熔池过大时，应改连续焊为断续焊，以避免过热 ⑤焊缝余高不得大于 3 mm，且应平缓过渡至钢筋表面
预埋件电弧焊	①当采用 HPB235 钢筋时，角焊缝焊脚不得小于钢筋直径的 0.5 倍；当采用 HRB335 和 HRB400 钢筋时，焊脚不得小于钢筋直径的 0.6 倍 ②施焊中，不得使钢筋咬边和烧伤 ③钢筋与钢板搭接焊时，焊接接头应符合下列要求：HPB235 钢筋的搭接长度（L）不得小于 4 倍钢筋直径，HRB335、HRB400 钢筋的搭接长度（L）不得小于 5 倍钢筋直径；焊缝宽度不得小于钢筋直径的 0.6 倍，焊缝厚度不得小于钢筋直径的 0.35 倍

3）质量检验与验收。电弧焊接头应分批进行外观检查和力学性能检验，但钢筋与钢板电弧搭接焊接头可以只进行外观检查。

电弧焊接头检验批的确定和外观检查验收要求见表 4—19。

表 4—19　　电弧焊接头的质量检验与验收

检验批的确定	外观检查验收要求
在现浇混凝土结构中，应以 300 个同牌号钢筋、同型式接头作为一批；在房屋结构中，应以不超过二楼层中 300 个同牌号钢筋、同型式接头作为一批。每批随机切取 3 个接头，做拉伸试验； 在装配式结构中，可按生产条件件制作模拟试件，每批 3 个，做拉伸试验，当模拟试件试验结果不符合要求时，应进行复验。复验应从现场焊接切取，其数量和要求与初始试验时相同	①焊缝表面应平整，不得有凹陷或焊瘤 ②焊接接头区域不得有肉眼可见的裂纹 ③坡口焊、熔槽帮条焊和窄间隙焊接头的焊缝余高不得大于 3 mm

注：在同一批中若有几种不同直径的钢筋焊接接头，应在最大直径钢筋接头中截取 3 个试件。电渣压力焊接头、气压焊接头取样均同。

（4）钢筋电渣压力焊。钢筋电渣压力焊是将两根钢筋安放成竖向对接形式，利用焊接电流通过两根钢筋端面间隙，在焊剂层下形成电弧过程和电渣过程，产生电弧热和电阻热熔化钢筋，加压完成的一种压焊方法。

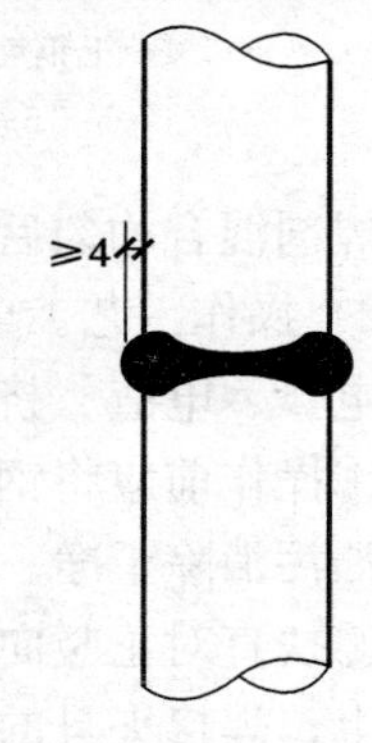

图 4—30　电渣压力焊焊接外形

电渣压力焊与电弧焊相比，它的工效高，成本低，但工艺复杂，对焊工的要求高。它适用于现浇钢筋混凝土结构中竖向或斜向（倾斜度在 4∶1 范围内）受力钢筋的连接，但不得在竖向焊接后横置于梁、板等构件中做水平钢筋用。电渣压力焊焊接外形如图 4—30 所示。

1）焊机和焊剂。电渣压力焊焊机工作原理如图 4—31 所示。

电渣压力焊焊剂的性能应符合 GB 5293《碳素钢埋弧焊用焊剂》的规定，可采用 HJ431 焊剂。

焊剂应存放在干燥的库房内，当受潮时，在使用前应经250～300℃高温烘焙2 h。使用中回收的焊剂应清除熔渣和杂物，并应

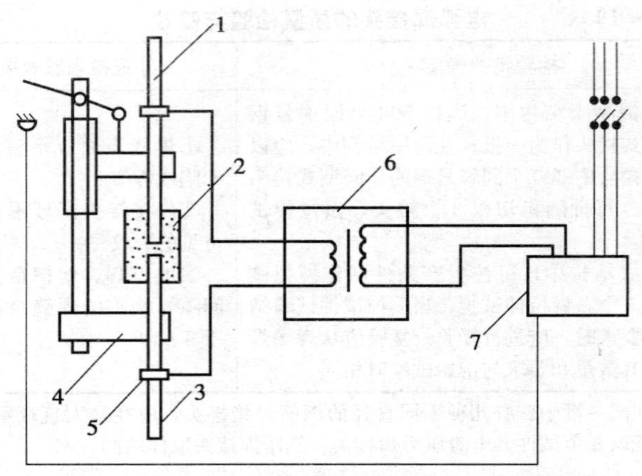

图 4—31　电渣压力焊焊机工作原理

1—上钢筋　2—焊剂盒　3—下钢筋　4—焊接机头
5—焊钳　6—焊接电源　7—控制箱

与新焊剂混合均匀后使用。

2）操作工艺。电渣压力焊主要有 4 个阶段的焊接过程：引弧、电弧、电渣、挤压。其具体操作步骤为：

①操作前应将钢筋待焊端部约 150 mm 范围内的铁锈、杂物以及油污消除干净。

②扶直对正竖向接长的钢筋，上、下两钢筋的轴线应在同一直线上；焊接夹具的上、下钳口应夹紧于上、下钢筋上，钢筋一经夹紧，不得晃动。

③装上焊盒并装满焊药，钢筋端头应在焊盒的中部。

④接通电源，用直接引弧法或铁丝圈（焊条芯）引弧法引弧。

⑤引燃电弧后，应先进行电弧过程，使焊盒形成电渣池，然后加快上钢筋下送速度，使钢筋端面与液态渣池接触，转变为电渣过程。最后在断电的同时，迅速下压上钢筋，挤出熔化金属和熔渣，形成接头。

⑥接头焊毕应稍作停歇，方可回收焊剂和卸下焊接夹具，并敲去渣壳，四周焊包凸出钢筋表面的高度不得小于 4 mm。

3）质量检验与验收。电渣压力焊接头检验批的确定和外观检查验收要求见表 4—20。

表 4—20　　电渣压力焊接头的质量检验与验收

检验批的确定	外观检查验收要求
在现浇钢筋混凝土结构中，应以 300 个同牌号钢筋接头作为一批；在房屋结构中，应以不超过二楼层中 300 个同牌号钢筋接头作为一批；当不足 300 个接头时，仍应作为一批。每批随机切取 3 个接头做拉伸试验	①四周焊包凸出钢筋表面的高度不得小于 4 mm ②钢筋与电极接触处应无烧伤缺陷 ③接头处的弯折角不得大于 3° ④接头处的轴线偏移不得大于钢筋直径的 0.1 倍，且不得大于 2 mm

（5）钢筋气压焊。钢筋气压焊是采用氧-乙炔火焰或其他火焰对两钢筋对接处加热，使其达到塑性状态（固态）或熔化状态（熔态）后加压完成的一种压焊方法。

气压焊可用于钢筋在垂直位置、水平位置或倾斜位置的对接焊接。

1）设备。气压焊的设备包括供气装置、加热器、焊接夹具等，如图 4—32 所示。

2）操作工艺。气压焊按加热温度和工艺方法的不同，可分为熔态气压焊（开式）和固态气压焊（闭式）两种。在一般情况下，宜优先采用熔态气压焊。

其工艺过程如下：

①焊前准备。搭设操作架子，以适宜工人操作；确定下料长度，因为此工艺对钢筋内接头会有压缩，故下料长度必须多出钢筋直径的 0.6～6 倍；切断时应使用砂轮锯，切口处应平整，磨光机打磨后钢筋断面应呈现金属光泽。

②安装钢筋。将两根要对接的钢筋与专用夹具夹紧，采用固

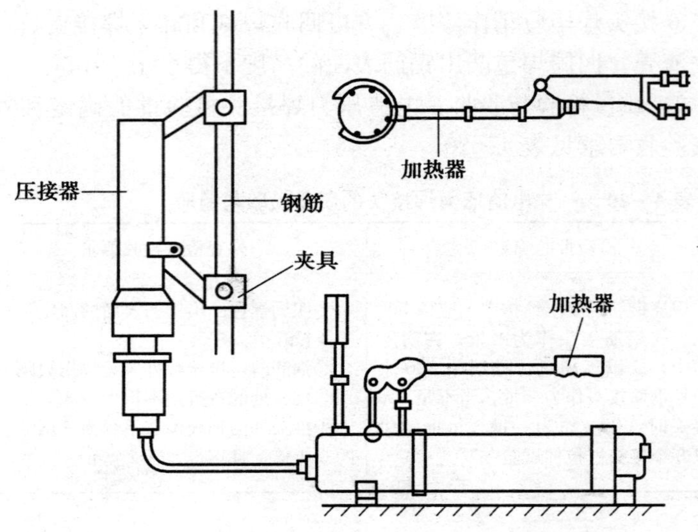

图 4—32　气压焊的设备

态气压焊时，两钢筋端面局部间隙不得大于 3 mm；采用熔态气压焊时，两钢筋端面之间应预留 3～5 mm 间隙。

③加热焊接。当采用熔态气压焊（开式）时，首先使用中性焰加热，待钢筋端头至熔化状态，附着物随熔滴流走，端部呈凸状时，即加压，挤出熔化金属，并密合牢固；当采用固态气压焊（闭式）时，自加热开始至钢筋端面密合前，应采用碳化焰集中加热，钢筋端面密合后可采用中性焰宽幅加热，焊接全过程不得使用氧化焰。

④加压成型。加压方法有等压法、二次加压法和三次加压法，应根据焊接设备、钢筋直径等条件选用。

3）质量检验与验收。气压焊接头检验批的确定和外观检查验收要求见表 4—21。

（6）预埋件钢筋埋弧压力焊。预埋件钢筋埋弧压力焊是将钢筋与钢板安放成 T 形接头型式，利用焊接电流通过时在焊剂层下产生电弧，而形成熔池、加压完成的一种压焊方法。这种焊接方法工艺简单、工效高、质量好、成本低。

表 4—21　　　　气压焊接头质量检验与验收

检验批的确定	外观检查验收要求
在现浇钢筋混凝土结构中，应以300个同牌号钢筋接头作为一批；在房屋结构中，应以不超过二楼层中300个同牌号钢筋接头作为一批；当不足300个接头时，仍应作为一批 在柱、墙的竖向钢筋连接中，应从每批接头随机截取3个接头做拉伸试验 在梁、板的水平钢筋连接中，应另取3个接头做弯曲试验	①接头处的轴线偏移不得大于钢筋直径的0.15倍，且不得大于4 mm；当不同直径的钢筋焊接时，应按钢筋直径较小的计算；当大于上述规定值，但在钢筋直径的0.30倍以下时，可加热矫正；当大于0.30倍时，应切除重焊 ②接头处的弯折角不得大于3°；当大于规定值时，应重新加热矫正 ③镦粗直径不得小于钢筋直径的1.4倍；当小于上述规定值时，应重新加热镦粗 ④镦粗长度不得小于钢筋直径的1.0倍，且凸起部分平缓圆滑；当小于上述规定值时，应重新加热镦长

1）设备和焊剂。设备包括焊接电源（弧焊变压器）、控制系统、焊剂盒、焊接地线、电压表、电流表等。焊剂同电渣压力焊焊剂。

2）操作工艺。埋弧压力焊工艺包括引弧、燃弧、顶压等几个环节，其工艺过程应符合下列要求：

①钢板应放平，并与铜板电极接触紧密。

②将锚固钢筋夹于夹钳内，应夹牢；并放好挡圈，注满焊剂。

③接通高频引弧装置和焊接电源后，应立即将钢筋上提，引燃电弧，使电弧稳定燃烧，再渐渐下送。

④迅速顶压时不得用力过猛。

⑤敲去渣壳，四周焊包凸出钢筋表面的高度不得小于4 mm。

3）质量检验与验收。预埋件钢筋埋弧压力焊接头外观检查结果应符合下列要求：

四周焊包凸出钢筋表面的高度不得小于4 mm。钢筋咬边深度不得超过 0.5 mm。钢板应无焊穿，根部应无凹陷现象。钢筋相对钢板的直角偏差不得大于 3°。

针对预埋件外观的检查结果，当有 3 个接头不符合上述要求时，应全数进行检查，并剔出不合格品。不合格接头经补焊后可提交二次验收。

（7）焊接安全要求。从事钢筋焊接施工的焊工必须持有焊工合格证才能上岗操作。从事钢筋焊接施工的班组及有关人员应经常进行安全生产教育，执行现行国家标准《焊接与切割安全》（GB 9448）中有关规定，对氧气、乙炔、液化石油气等易燃、易爆材料应妥善管理，注意周边环境，加强焊工的劳动保护，防止发生烧伤、触电、火灾、爆炸以及烧坏焊接设备等事故。

1）焊机应经常维护保养和定期检修，以确保正常使用。

2）焊接机械必须经过调整试运转正常后，方可正式使用；焊机必须由专人使用和管理，非专职人员不得擅自操作。

3）焊接机械的电源部分要妥善加以保护，以防止因操作不慎使钢筋和电源接触。不允许两台焊机使用一个电源闸刀。

4）焊工必须穿戴好劳动保护用品；在对焊机的闪光区域内需设置铁皮挡隔，焊接时其他人员应停留于闪光范围外，以防被飞溅的火花灼伤。在室内进行手工电弧焊时，应设有排气通风装置，焊工操作地点相互之间应设挡板，以防弧光伤害眼睛和皮肤等。

5）进行大量焊接生产时，焊接变压器等不得超过负荷；要注意遵守焊机暂载率的规定，以免过分发热而损坏。

6）雨天、雪天不宜在现场进行施焊；必须施焊时，应采取有效遮蔽措施。焊后未冷却接头不得碰到冰雪。

在现场进行闪光对焊或电弧焊，当风速超过 7.9 m/s 时，应采取挡风措施。进行气压焊时，当风速超 5.4 m/s 时，应采取挡风措施。

7）在环境温度低于−5℃条件下施焊时，焊接工艺应符合下列要求：

①闪光对焊时，宜采用预热闪光焊或闪光-预热闪光焊；可增加调伸长度，采用较低变压器级数，增加预热次数和间歇时间。

②电弧焊时，宜增大焊接电流，降低焊接速度。电弧帮条焊或搭接焊时，第一层焊缝应从中间引弧，向两端施焊；以后各层控温施焊，层间温度控制在 150～350℃。多层施焊时，可采用回火焊道施焊。

③当环境温度低于－20℃时，不宜进行各种焊接。

8）钢筋焊接工作房要尽可能采用防火材料搭建，在对焊机上方设置固定式顶罩。在焊接机械四周严禁堆放易燃品，以免引起火灾。焊接车间应设置消防设施。

2. 钢筋机械连接

钢筋机械连接是通过钢筋与连接件的机械咬合作用或钢筋端面的承压作用，将一根钢筋的力传到另一根钢筋的连接方法。

钢筋机械连接接头类型有套筒挤压接头、锥螺纹接头、镦粗直螺纹接头、滚轧直螺纹接头、熔融金属填充接头、水泥灌浆填充接头等。其中最常见的是套筒挤压接头和滚轧直螺纹接头。

（1）《钢筋机械连接通用技术规程》（JGJ 107—2003）中关于接头的一般规定如下：

1）设计原则。接头的设计应满足强度及变形性能的要求。接头连接件的屈服承载力和抗拉承载力的标准值应不小于被连接钢筋的屈服承载力和抗拉承载力标准值的 1.10 倍。

2）机械连接接头等级。根据抗拉强度以及高应力和大变形条件下反复拉压性能的差异，接头应分为下列三个等级：

Ⅰ级：接头抗拉强度不小于被连接钢筋实际抗拉强度或 1.10 倍钢筋抗拉强度标准值，并具有高延性及反复拉压性能。

Ⅱ级：接头抗拉强度不小于被连接钢筋抗拉强度标准值，并具有高延性及反复拉压性能。

Ⅲ级：接头抗拉强度不小于被连接钢筋屈服强度标准值的 1.35 倍，并具有一定的延性及反复拉压性能。

即Ⅰ、Ⅱ、Ⅲ级接头的抗拉强度应符合表4—22的规定。

表4—22　　接头抗拉强度

接头等级	Ⅰ级	Ⅱ级	Ⅲ级
抗拉强度	$f^0_{mst} \geqslant f^0_{st}$或$1.10f_{uk}$	$f^0_{mst} \geqslant f_{uk}$	$f^0_{mst} \geqslant 1.35f_{yk}$

注：f^0_{mst}——接头试件实际抗拉强度；

f^0_{st}——接头试件中钢筋抗拉强度实测值；

f_{uk}——钢筋抗拉强度标准值；

f_{yk}——钢筋屈服强度标准值。

接头等级的选定应符合下列规定：

混凝土结构中要求充分发挥钢筋强度或对接头延性要求较高的部位，应采用Ⅰ级或Ⅱ级接头；混凝土结构中钢筋应力较高但对接头延性要求不高的部位，可采用Ⅲ级接头。

3）机械连接接头的应用。结构构件中纵向受力钢筋的接头宜相互错开，钢筋机械连接的连接区段长度应按35d计算（d为被连接钢筋中的较大直径）。在同一连接区段内有接头的受力钢筋截面面积占受力钢筋总截面面积的百分率应符合下列规定：

接头宜设置在结构构件受拉钢筋应力较小的部位，当需要在高应力部位设置接头时，在同一连接区段内Ⅲ级接头的接头百分率不应大于25%；Ⅱ级接头的接头百分率不应大于50%；Ⅰ级接头的接头百分率可不受限制。

接头宜避开有抗振设备要求的框架的梁端、柱端箍筋加密区；当无法避开时，应采用Ⅰ级接头或Ⅱ级接头，且接头百分率不应大于50%。

对于受拉钢筋应力较小部位或纵向受压钢筋，接头百分率可不受限制。

对直接承受动力荷载的结构构件，接头百分率不应大于50%。

（2）套筒挤压连接。套筒挤压连接是将两根需连接的钢筋插入钢套筒，利用压钳沿径向压缩钢套筒，使之产生塑性变形，靠变形后的钢套筒与被连接的钢筋紧密结合为整体的连接方法。套筒挤压接头即通过挤压力使连接件钢套筒塑性变形与带肋钢筋紧密咬合形成的接头（见图 4—33）。

该连接适用于钢筋混凝土结构中直径 16～40 mm 带肋 HRB335～HRB400 级（Ⅱ～Ⅲ级）钢筋以及与上述国产钢筋相当的进口钢筋，特别适用于连接不可焊钢筋、进口钢筋。其接头具有强度高、质量稳定可靠、操作简单、不受气候影响、适用性强等优点，应用广泛。

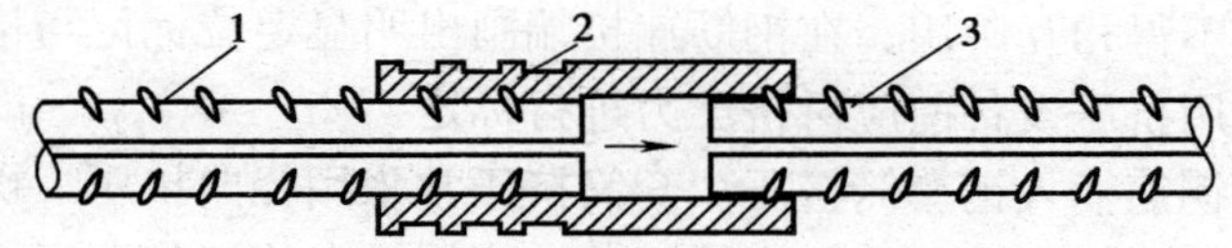

图 4—33 带肋钢筋套筒挤压连接接头

1—已挤压的钢筋 2—钢套筒 3—未挤压的钢筋

1）挤压工艺设备（见图 4—34）。

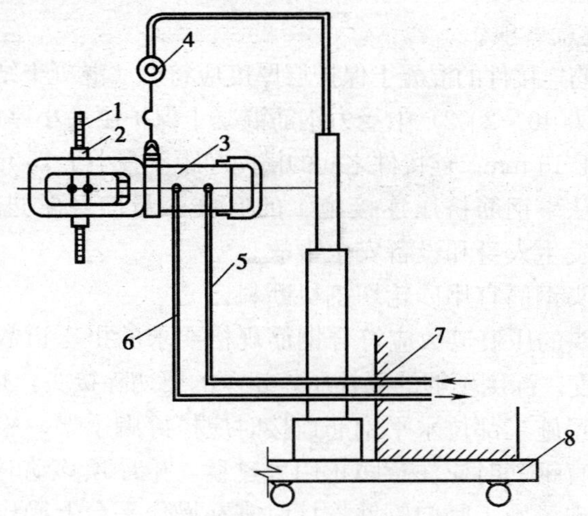

图 4—34 挤压工艺设备

1—钢筋 2—套筒 3—挤压机 4—平衡器 5—进油管 6—回油管 7—油泵 8—小车

2）操作工艺。钢筋带肋套筒挤压接头的工艺流程是：

钢套筒、钢筋挤压部位检查、清理、矫正→检查钢筋端头压接标志→钢筋插入钢套筒挤压（每侧挤压从接头中间压痕标志开始，依次向端部进行）→检查验收。

具体步骤为：

①准备工作。钢筋端头的锈皮、油污等杂物应清理干净；对套筒进行外观尺寸质量检验；对钢筋与套筒试套，不同直径钢筋的套筒不得相互串用；在钢筋连接端画出明显定位标记与检查标记；使用挤压设备前应对挤压力进行标定。

②钢筋插入钢套筒挤压。套筒挤压常采用径向挤压，操作方法有两种，第一种方法是先挤压一端套筒，在施工作业区插入待接钢筋后再挤压另一端套筒（见图 4—33)；第二种方法是挤压、连接全部在施工时进行。

③检查验收。

3）注意事项。

①钢筋连接件的混凝土保护层厚度应符合《混凝土结构设计规范》(GB 50010—2002) 中受力钢筋混凝土保护层最小厚度的规定，且不得小于 15 mm。连接件之间的横向净距不宜小于 25 mm。

②对从事钢筋挤压连接施工的有关人员应经常进行安全教育，防止发生人身和设备安全事故。

③接头钢筋宜用砂轮切割机断料。

④接头的压痕道数应符合钢筋规格要求的挤压道数，认真检查压痕深度，深度不够的要补压，超深的要切除接头，重新连接。

⑤现场施工部位水平钢筋连接时应搭好脚手架，稳定好高压油泵；顺直钢筋时应注意防止用力过猛，千斤顶移动时要防止碰撞伤人；现场施工竖向钢筋连接时宜在操作平台上操作，平台高度比下侧钢筋端头略低 20～30 cm，插入钢筋应上下扶直，防止倾斜将人带倒或碰伤。

⑥在高空进行挤压操作时，必须遵守高空作业的有关规定；

露天作业时对电气设备装置应有防雨措施。

⑦高压胶管应防止根部弯折和尖利物体的刻划；油泵和挤压机必须按设备使用说明书进行操作和保养。

4）接头的施工现场检验与验收。

①工艺检验。钢筋连接工程开始前及施工过程中，应对每批进场钢筋进行接头工艺检验，工艺检验应符合下列要求：

每种规格钢筋的接头试件不应少于3根；钢筋母材抗拉强度试件不应少于3根，且应取自接头试件的同一根钢筋；3根接头试件的抗拉强度均应符合表4—22的规定；对于Ⅰ级接头，试件抗拉强度应大于等于钢筋抗拉强度实测值的0.95倍；对于Ⅱ级接头，应大于0.90倍。

②现场检验。现场检验应进行外观质量检查和单向拉伸试验。接头的现场检验按验收批进行。同一施工条件下采用同一批材料的同等级、同型式、同规格接头，以500个为一个验收批进行检验与验收，不足500个也作为一个验收批。

对接头的每一验收批，必须在工程结构中随机截取3个接头试件做抗拉强度试验，当3个接头试件的抗拉强度均符合相应等级要求时，该验收批评为合格。如有1个试件的强度不符合要求，应再取6个试件进行复检。复检中如仍有1个试件的强度不符合要求，则该验收批评为不合格。

外观质量检验的质量要求、抽样数量、检验方法、合格标准以及螺纹接头所必需的最小拧紧力矩值由各类型接头的技术规程确定。

现场截取抽样试件后，原接头位置的钢筋允许采用同等规格的钢筋进行搭接连接，或采用焊接及机械连接方法补接。

（3）滚轧直螺纹连接。滚轧直螺纹连接是用直螺纹套筒将两根钢筋端头对接在一起，利用螺纹的机械咬合力传递拉力或压力的连接方法。滚轧直螺纹接头即通过钢筋端头直接滚轧或剥肋后滚轧制作的直螺纹和连接件螺纹咬合形成的接头（见图4—35）。

直螺纹连接适用于承受动荷载作用及各抗振等级的钢筋混凝

土结构中直径为 20～50 mm 的 HRB335、HRB40（Ⅱ～Ⅲ级）钢筋的连接，尤其适用于要求发挥钢筋强度和延性的重要结构。

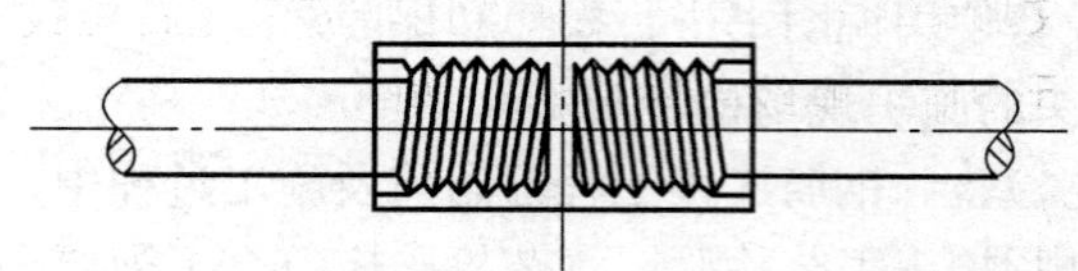

图 4—35　直螺纹套筒连接接头

1）工艺设备。直螺纹连接施工中的主要机具包括钢筋滚压直螺纹成型机、切割机、扳手。

2）操作工艺。直螺纹连接工艺流程为：

钢筋切割→滚轧螺纹→丝头检验→保护帽→现场丝接→检查验收。

具体步骤为：

①准备工作。钢筋下料；钢筋端头的锈皮、油污等杂物应清理干净；对有相应内螺纹的连接套筒进行检查。

连接套筒常见的有标准型、扩口型、变径型、正反螺纹型（见图 4—36）等。

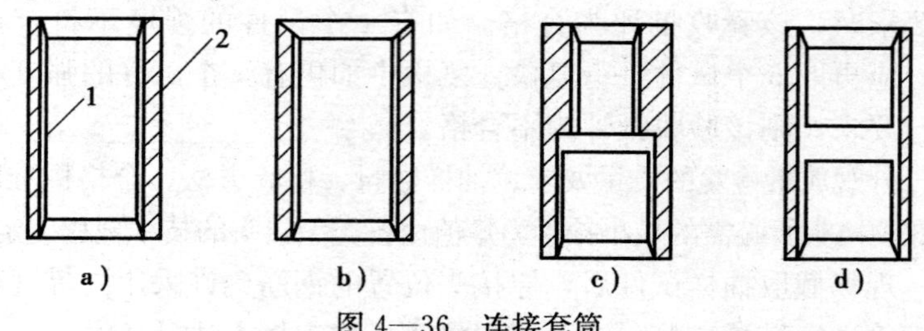

图 4—36　连接套筒

a）标准型　b）扩口型　c）变径型　d）正反螺纹型

1—连接套　2—螺纹线

标准型是带右旋内螺纹的连接套筒；扩口型是在标准型连接套筒的一端增加 45～60 mm扩口段，用于钢筋较难对中的场合；变径型是带右旋内螺纹的连接套筒，用于连接不同直径的钢筋；

正反螺纹型是带左、右旋内螺纹的等直径连接套筒，用于钢筋不能转动而要求对接的场合。

②螺纹加工。根据钢筋规格选用钢筋滚压直螺纹成型机对钢筋端部进行滚压，螺纹一次成型，如图 4—37 所示。

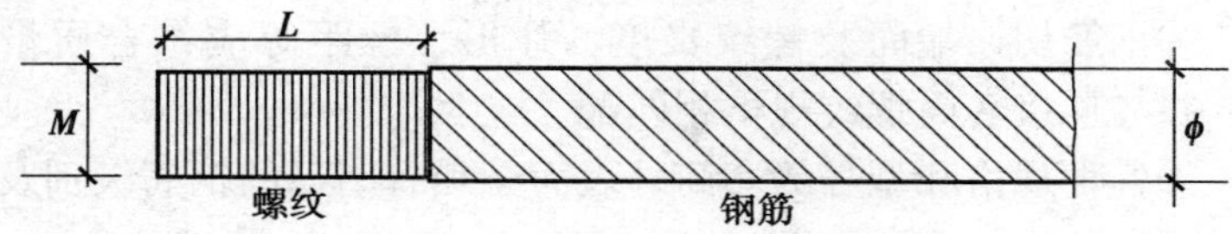

图 4—37 钢筋螺纹示意图

M—螺纹大径 ϕ—钢筋直径 L—螺纹长度

③螺纹检验及加戴保护帽。经自检合格的钢筋螺纹，应对每种规格加工批量随机抽查 10%，且不少于 10 个。若有一个螺纹不合格，即应对该加工批全数检查，不合格螺纹应重新加工，经再次检查合格后方可使用。

已检查合格的螺纹，应戴上保护帽加以保护，并按规格分类堆放整齐待用。

④现场连接。将钢筋对准轴线拧入连接套，如图 4—38 和图 4—39 所示。

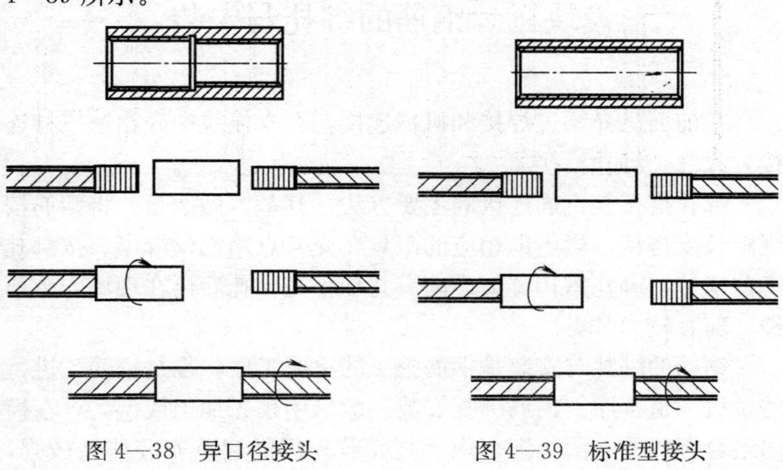

图 4—38 异口径接头

图 4—39 标准型接头

3）注意事项。

①设备检验及试运转合格后方准作业。

②钢筋直螺纹接头攻螺纹及连接操作人员必须经过培训、考核，持证上岗。

③钢筋切口端面及螺纹锥度、牙形、螺距等应符合质量标准，并与连接套筒螺纹规格相匹配。

④各种规格和型号的套筒外表面必须有明显的钢筋级别及规格标记。

⑤连接钢筋的钢套筒必须用塑料盖封上，以保持内部洁净、干燥、防锈；已连接好套筒的钢筋接头不得随意抛砸。

⑥接头拼接完成后，应使两个螺纹在套筒中央位置互相顶紧，套筒每端不得有一扣以上的完整丝扣外露，加长型接头的外露丝扣数不受限制，但应有明显标记，以检查进入套筒的螺纹长度是否满足要求。

4）接头的施工现场检验与验收。接头的施工现场检验与验收标准与挤压接头相同，详见挤压接头有关规定。

模块三　钢筋的绑扎与安装

在前面已介绍过焊接和机械连接，在本模块中介绍第三种连接方式——绑扎搭接。

绑扎搭接是钢筋连接的主要方法，其基本做法是：将钢筋按规定长度搭接，再借助相应的工具在交叉点用铁丝绑牢。按绑扎工艺来分，绑扎搭接分为模内绑扎和预先绑扎后再在现场安装两种，前者较为常见。

钢筋的绑扎与安装是钢筋施工的重要工序，也是钢筋工进行的最后一道工序。钢筋绑扎安装一般采用预先加工成型，再在模内组合绑扎的方法，即模内绑扎。若现场的起重安装能力较强，也可以采用预先焊接或绑扎的方法将单根钢筋组合成钢筋网片或钢筋骨架，然后到现场吊装。在一些复杂结构的钢筋施工中，还需要采用先弯曲成型、后模内组合绑扎的方法。

一、钢筋绑扎搭接的一般规定

1. 钢筋绑扎搭接的适用范围

钢筋绑扎搭接工艺简单、应用较广，但绑扎搭接是通过混凝土的黏结力来间接传递钢筋间的应力的，与焊接和机械连接相比，其可靠性差一些，故《混凝土结构设计规范》(GB 50010—2002) 中规定，下列情况不得或不宜采用绑扎搭接。

(1) 轴心受拉和小偏心受拉杆件（如桁架和拱的拉杆）的纵向受力钢筋不得采用绑扎搭接接头。

(2) 当受拉钢筋的直径 $d>28$ mm 及受压钢筋的直径 $d>32$ mm时，不宜采用绑扎搭接接头。

(3) 需进行疲劳验算的构件，其纵向受拉钢筋不得采用绑扎搭接接头，也不宜采用焊接接头，且严禁在钢筋上焊有任何附件（端部锚固除外）。

2. 钢筋绑扎搭接接头

(1) 钢筋绑扎搭接位置的要求以及钢筋位置的允许偏差应符合《混凝土结构工程施工及验收规范》(GB 50204—2002) 的规定。

(2) 钢筋绑扎搭接时，应用扎丝在搭接部分的中心和两端扎紧。绑扎接头的形式如图 4—40 所示，其中 l_l 为钢筋绑扎搭接长度。

(3) 钢筋绑扎接头的最小搭接长度应符合表 3—3 规定。

(4) 绑扎钢筋的扎丝头应朝内，不得侵入到混凝土保护层厚度内。

(5) 在绑扎钢筋接头时，一定要保证接头扎牢，然后再与其他钢筋绑扎，在绑扎时应注意主筋的混凝土保护层厚度，并保证绑扎的钢筋网片或钢筋骨架不发生变形或松脱现象。

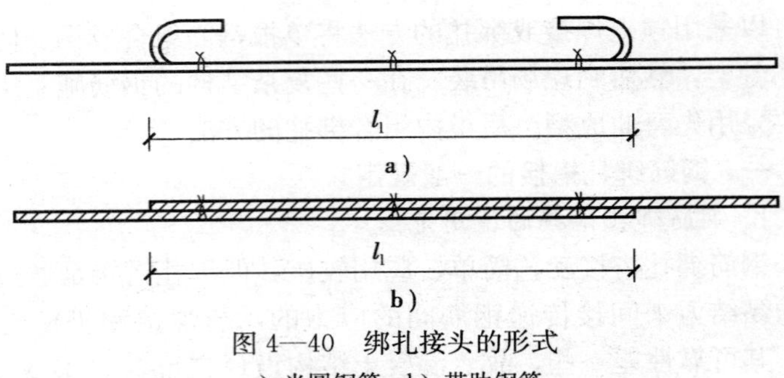

图 4—40　绑扎接头的形式

a）光圆钢筋　b）带肋钢筋

3. 钢筋绑扎操作工艺

（1）绑扎工具。钢筋网、架绑扎时的工具主要有钢筋钩子、小撬棍、绑扎架、粉笔、尺子、垫块、扳手等。

1）钢筋钩。钢筋钩是绑扎钢筋的主要工具，其基本形式如图 4—41 所示。它是用直径为 12～16 mm、长度为 160～200 mm的圆钢筋制成的。根据工程需要，还可以在其尾部加上套筒或小扳口等。

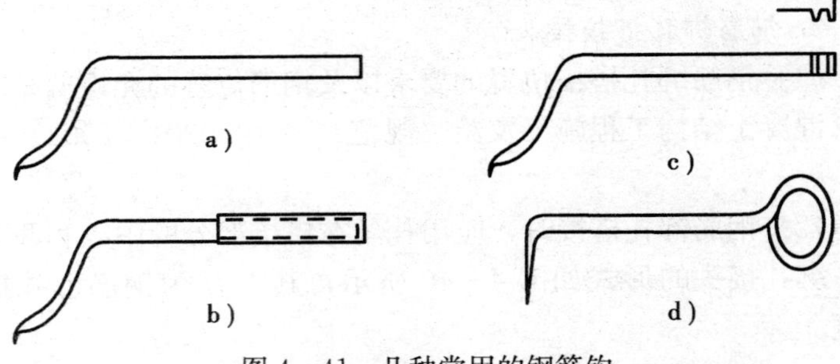

图 4—41　几种常用的钢筋钩

2）小撬棍。小撬棍的作用是调整钢筋间距，矫直钢筋的部分弯曲以及用来放置保护层水泥垫块。其外形如图 4—42 所示。

图 4—42　带扳口的小撬棍

3）绑扎架。当采用预先绑扎在现场安装的工艺时，需要借助于钢筋绑扎架。为便于钢筋骨架的绑扎，常采用直径 20 mm 的钢筋焊制而成，如图 4—43 和图 4—44 所示。

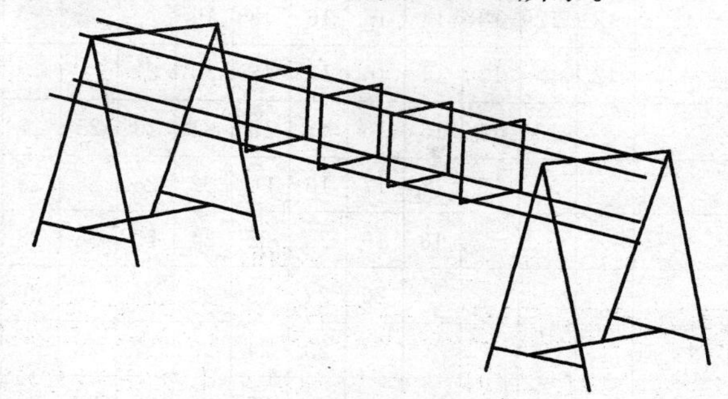

图 4—43　轻骨架绑扎架

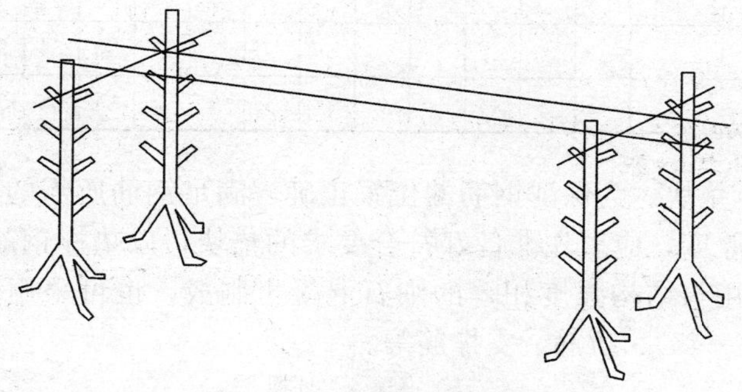

图 4—44　重骨架绑扎架

（2）绑扎辅助材料。

1）绑扎用的铅丝。绑扎钢筋用的铅丝，主要采用 20～22 号铁丝（火烧丝）或镀锌铁丝（铅丝）。当绑扎钢筋直径在 12 mm 以下时，宜用 22 号铁丝；直径在 12～25 mm 时，宜用 20 号铁丝；直径在 25 mm 以上时，宜用 18 号铁丝。

钢筋绑扎所需铁丝的长度不宜过长或过短，铁丝长度可参考表 4—23。例如，绑扎两直径为 12 mm 的钢筋，所需的铁丝长度为 20 cm。

表 4—23　　　**钢筋绑扎铁丝所需长度**　　　cm

钢筋直径（mm）	3～4	5	6	8	10	12	14	16	18	20	22	25	28	32
3～4	11	12	12	13	14	15	16	18	19					
5		12	13	13	14	16	17	18	20	21				
6			13	14	15	16	18	19	21	23	25	27	30	32
8				15	17	17	18	20	22	25	26	28	30	32
10					18	19	20	22	24	25	26	28	31	34
12						20	22	23	25	26	27	29	31	34
14							23	24	25	27	28	30	32	35
16								25	26	28	30	31	33	36
18									27	30	31	33	35	37
20										31	32	34	36	38
22											34	35	37	39

2）垫块。为保证钢筋的位置正确，满足钢筋所需的混凝土保护层厚度，应事先准备好符合要求的垫块，以垫撑钢筋骨架。垫块宜用与结构强度相等的细石混凝土制成，也可采用塑料卡（见图 4—45）、拉筋、支撑筋等。

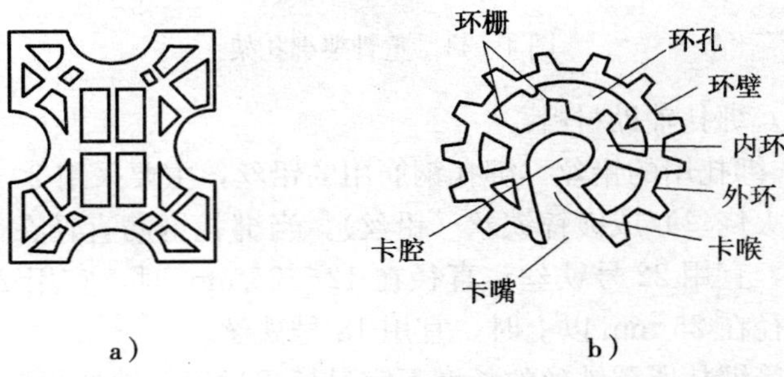

图 4—45　控制混凝土保护层用的塑料卡
a）塑料垫块　b）塑料环圈

(3) 绑扎操作方法。钢筋绑扎就是借助钢筋钩用铅丝扎成绑扎扣，把各种单根钢筋绑扎成整体骨架或网架。钢筋绑扎操作方法应根据绑扎构件的类型来选择。

1) 一面顺扣法。这种方法是目前最常用的一种方法。其成型操作如图 4—46 所示。绑扎前，先将被整齐切断的绑扎铅丝在中间弯折 180°并整理好。在绑扎时，左手拿铅丝靠近钢筋绑扎点的底部，右手拿钢筋钩，食指压住钩前部，钩尖端钩着铅丝底扣处，并紧靠铅丝开口端，绕铅丝拧紧一周半。

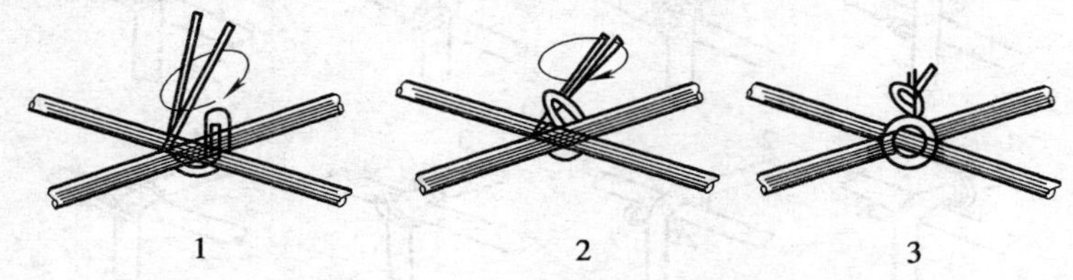

图 4—46　钢筋一面顺扣绑扎法

一面顺扣法操作简单方便，绑扎效率高，通用性强，绑扎牢固，适用于钢筋网、架各个部位的绑扎。

2) 其他绑扎法。钢筋绑扎除了一面顺扣法外，还有十字花扣、兜扣、缠扣、兜扣加缠、套扣等，如图 4—47 所示。

二、钢筋的绑扎与安装

1. 梁

现以图 2—9 中的简支梁为例，来介绍模内绑扎钢筋的绑扎技术。

根据前面的要求，我们已经根据配料单完成了各种编号钢筋的加工工作，准备好了绑扎工具及辅助材料，确定了钢筋扣的绑扎形式，因而就可以进行具体的绑扎工作了。

在绑扎过程中，可以按以下步骤进行：

(1) 布置梁底部钢筋（主筋）。按照图纸要求，支好底模板，在底模上先布置梁下部钢筋（①号、②号钢筋）和梁侧面钢筋（⑤号钢筋），并架立起来。

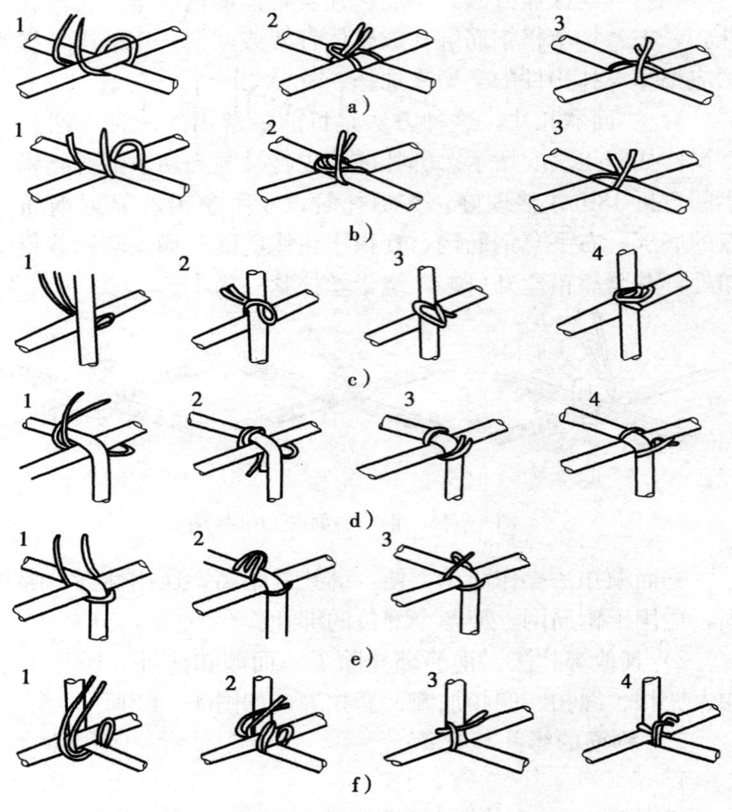

图 4—47　其他绑扎法

a）兜扣　b）十字花扣　c）缠扣　d）反十字花扣　e）套扣　f）兜扣加缠

（2）布置梁上部钢筋（架立筋）。布置梁上部纵向钢筋（③号、④号钢筋），并架立起来。

（3）画箍筋位置线。根据图纸中箍筋间距，在架立筋上画好箍筋位置线。画线时应注意：第一个箍筋的位置应距支座边缘 50 mm。

（4）穿套箍筋。依次将全部箍筋（⑥号钢筋）套入。穿套时应注意：应将箍筋的弯钩叠合处错开。如图 4—48 所示。

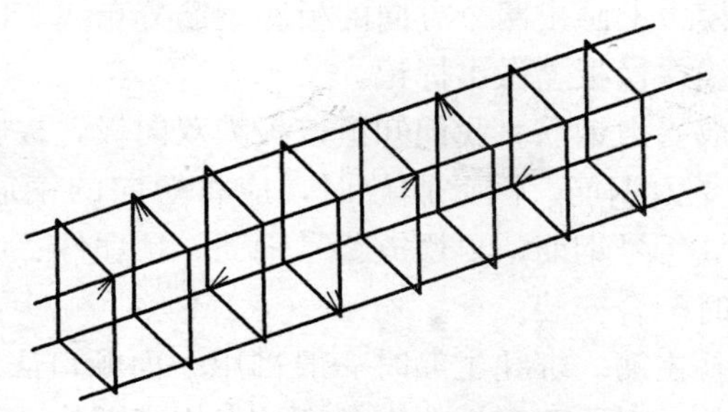

图 4—48　梁箍筋接头交错布置示意图

（5）绑扎梁上部钢筋。隔一定间距将箍筋（⑥号钢筋）与架立筋（④号钢筋）绑扎牢固，然后再按照在架立筋上标记的箍筋位置将箍筋与架立筋用图 4—47 所示的套扣法绑扎牢靠。

（6）绑扎梁下部钢筋。将原先架立起来的下层主筋（①号、②号钢筋）由架立位置放下，并采用如图 4—47 所示的反十字花扣或兜扣加缠法将下层主筋与箍筋的交叉点逐点绑扎牢固。

（7）绑扎梁侧面钢筋、拉结钢筋。将腰筋（⑤号钢筋）置于正确的位置，与箍筋（⑥号钢筋）绑扎，最后将拉筋（⑦号钢筋）绑扎到位。

（8）放置垫块。将绑扎完成的钢筋骨架放在梁模板上，并在梁的底部和梁的侧面绑好垫块。

模外绑扎是指先在梁模板上口将梁钢筋骨架绑扎成型后，再置入模内。

2. 板

现以图 2—13、图 2—14 所示的板为例，说明板的绑扎过程。

（1）看图，弄清钢筋布置情况。如图 2—13 所示，其中板底部配有两个方向的受力钢筋，即①号、②号钢筋，板面设有③号、④号构造钢筋沿板边布置。

（2）画线。清理模板上面的杂物，根据施工图中所标示的钢筋间距，在模板上画出两个方向的板底钢筋分布线。同时将板面钢筋的分布线在模板上做出标记。

（3）摆放受力钢筋。我们知道该板为双向板，板底两个方向的钢筋均为受力钢筋，因此摆放时，应将短向的钢筋放在最下面，即先摆放①号钢筋，再摆放②号钢筋。预埋件、电线管、预留孔等应及时配合安装。

（4）绑扎主筋。绑扎主筋时一般采用一面顺口法（见图 4—46）进行绑扎，对于双向板要求各交叉点均应绑扎，且绑扎时每个绑扎点的铅丝扣方向要求变换 90°，如图 4—49 所示。这样绑扎的钢筋网整体性好，不易发生歪斜变形。另外，绑扎时应注意保持主筋两端的弯钩朝上。

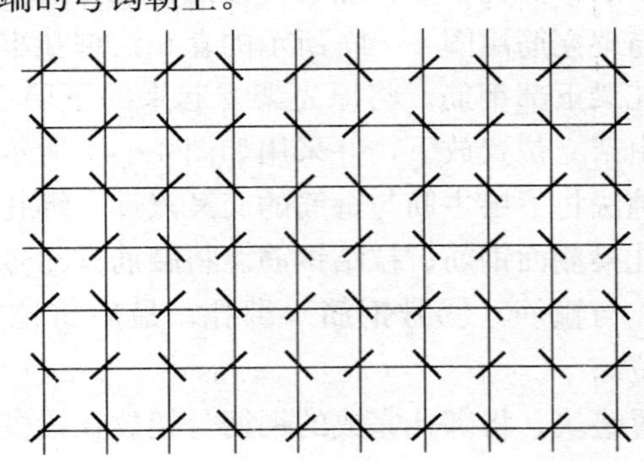

图 4—49　钢筋网一面顺口绑扎法

（5）摆放、绑扎板面构造钢筋。按照图纸中的间距要求，将板面构造钢筋③号、④号钢筋和相应的分布钢筋摆放好，然后绑扎③号、④号钢筋。绑扎时，每个交叉点均应牢固绑扎。

（6）绑扎完成后，在底模上安放预先准备好的砂浆垫块。垫块的间距约 1.5 m，垫块的厚度等于保护层厚度，保护层的厚度应满足设计要求，如果设计无要求时，板的保护层厚度应为：当采用 C20 混凝土时，取 20 mm；当混凝土的强度等级＞C20 时，取 15 mm。

3. 柱

现以楼层的柱为例，介绍柱钢筋骨架绑扎的操作步骤：

（1）剔凿柱混凝土表面的浮浆。为保证上层柱混凝土与下层柱混凝土之间的黏结，应将下层柱混凝土表面浮浆剔凿并清理干净。

（2）修理柱子钢筋。将下层柱伸出的搭接钢筋扶正、清理干净。

（3）套柱箍筋。根据图纸要求的钢筋间距，计算每根柱箍筋的数量，并按设计要求加工完成，然后将箍筋套在下层柱伸出的搭接钢筋上。

（4）立柱的主筋（竖向钢筋）。将已加工好的柱主筋立起来，与下层伸出的搭接钢筋进行搭接，在搭接长度内，绑扣不少于 3 个，绑扣要朝向柱中心。如果柱子主筋采用光圆钢筋搭接时，转角部位钢筋的弯钩应与模板成 45°，柱中间部位钢筋的弯钩应与模板成 90°。

（5）搭接绑扎竖向钢筋。柱子主筋立起来后，将上、下主筋搭接绑扎。其搭接长度和接头面积百分率应符合设计要求。

（6）画箍筋位置线。在立好的柱子竖向钢筋上按图纸要求画出钢筋间距线。

（7）柱箍筋绑扎。对于已画好的箍筋位置线，将已套好的箍筋往上移动，由上往下绑扎，绑扎时宜采用如图 4—47 所示的缠扣绑扎。

柱箍筋绑扎时，应注意：

1）箍筋与主筋要垂直，箍筋转角处与主筋交点均要绑扎，主筋与箍筋非转角部分的相交点呈梅花交错绑扎。

2）箍筋的弯钩叠合处应沿柱子竖筋交错布置，并绑扎牢固，如图 4—50 所示。

3）在有抗振要求的地区，柱箍筋端头应弯成 135°，平直部分的长度不应小于 $10d$（d 为箍筋的直径）且不小于 75 mm。

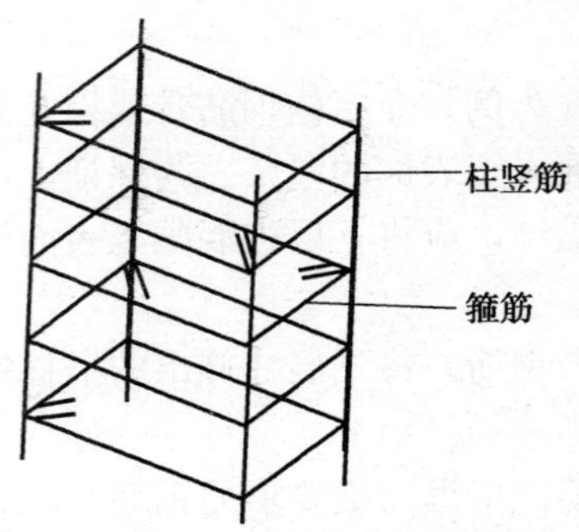

图 4—50　柱箍筋交错布置示意图

4）柱基、柱顶、梁柱交接处箍筋间距应按设计要求加密。如果设计要求箍筋设拉筋时，拉筋应勾住箍筋，如图 4—51 所示。

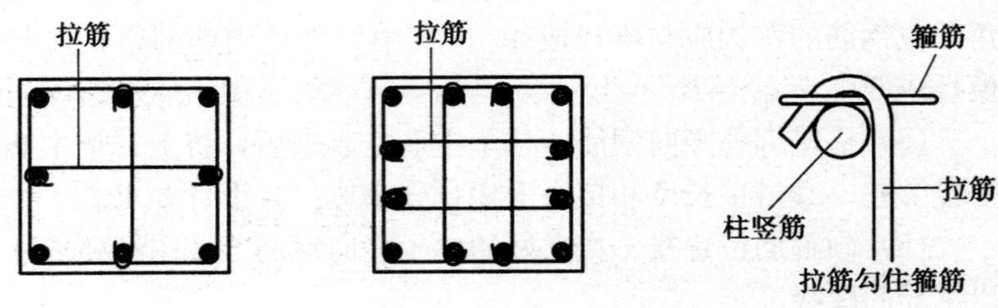

图 4—51　拉筋布置示意图

（8）置放垫块。为保证柱主筋保护层厚度准确，应将带有铁丝的垫块绑在柱竖筋外皮上，间距一般为 1 000 mm，或用塑料卡卡在外竖筋上。

4. 墙

（1）立 2～4 根主筋。先立 2～4 根竖向钢筋，以便定位，并将其与下层伸出的搭接钢筋绑扎。

（2）画水平筋位置线。根据设计要求的水平钢筋间距，在立筋上画出水平钢筋的分档位置线。

（3）绑定位横向钢筋，画纵筋位置线。在下部及齐胸处绑两根横向定位钢筋，并在横筋上画出竖向钢筋的分档位置线。

（4）绑其余竖向钢筋。按照横筋上标示的竖筋位置线，绑其余的竖向钢筋。竖向钢筋与下层伸出的搭接钢筋在搭接范围内需绑扎 3 根水平钢筋，搭接长度及搭接位置应符合设计要求。

（5）绑其余横向钢筋。按照立筋上标出的水平钢筋的分档位置线，绑扎其余的横向钢筋。横向钢筋在竖向钢筋的里面或外面，应符合设计要求。

剪力墙钢筋应逐点绑扎，双排钢筋之间应绑拉筋或支撑筋，拉筋的纵横向间距不大于 600 mm。

（6）绑扎垫块。在钢筋外皮绑扎垫块或用塑料卡卡在外筋上，以保证钢筋的混凝土保护层厚度。

（7）合模后的钢筋修整。合模后对伸出的竖向钢筋进行修整，并宜在搭接处绑一根横向定位钢筋，浇注混凝土时应有专人看管，浇注后再次调整，以保证钢筋位置的准确。

5. 钢筋网的制作与安装

钢筋网分为焊接钢筋网和绑扎钢筋网两种。焊接钢筋网多在车间加工，也可以在现场加工场地进行加工；绑扎钢筋网大多在现场制作而成。钢筋网加工制作完成后，即可进行安装。

钢筋网的分块应根据结构配筋的特点和起重运输能力而定，一般钢筋网的分块面积以 6～20 m^2 为宜。

下面以图 4—52、图 4—53 为例，介绍钢筋网片的制作与安装过程。

图 4—52　钢筋网片断面图

（1）制作模具。根据现场情况选料制作，一般多用木方制作。根据设计要求的钢筋纵横间距，在木方上开槽。

（2）摆放钢筋。钢筋网片如果布置在构件的下部并且钢筋端

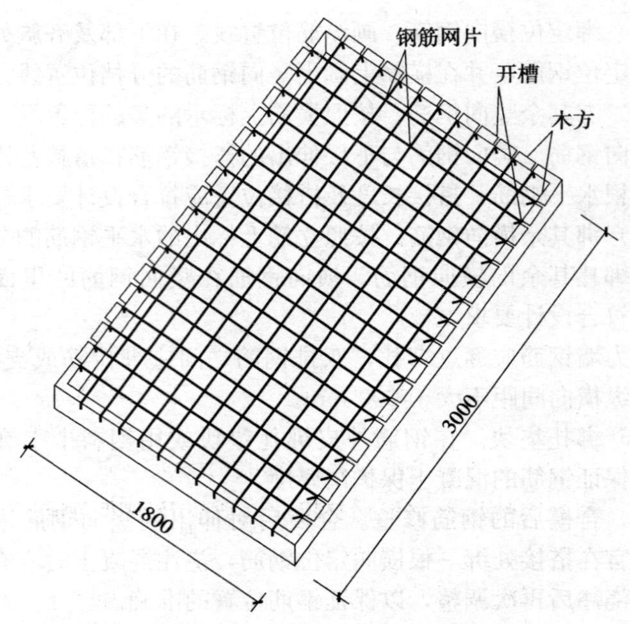

图 4—53　钢筋网片绑扎示意图

头有弯钩时，弯钩应朝上，如图 4—52 所示。如果钢筋网片需要布置在构件的上部并且钢筋端头有弯钩时，弯钩应朝下。

（3）绑扎。当钢筋网为单向受力的钢筋构件时，外围两行钢筋交叉点应每点绑扎，中间部分交叉点可采用梅花点绑扎，但必须保证受力钢筋不移位。当钢筋网为双向受力的钢筋网时，则需将全部钢筋相交点扎牢。绑扎时应注意相邻绑扎点的铁丝扣要呈 8 字形，以免网片歪斜变形。为了防止松扣，可适当加一些十字花扣或缠扣。

（4）设斜向支撑、吊点。为防止绑好的钢筋网在堆放、搬运、起吊和安装过程中发生歪斜变形，应采取临时加固措施，如图 4—54 所示，可用钢筋斜向拉结临时固定，钢筋网安装固定后再拆除拉筋。

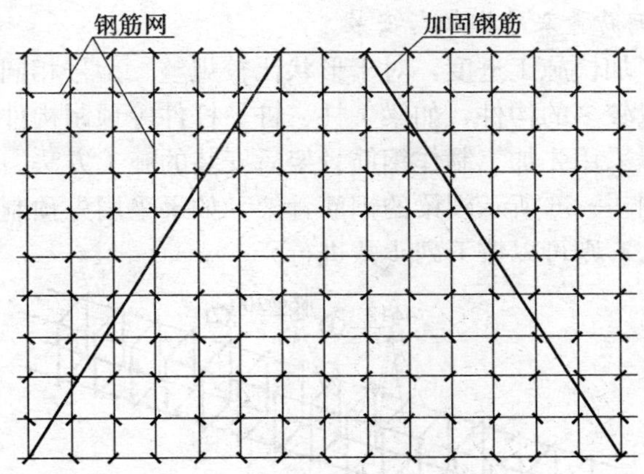

图 4—54　绑扎钢筋网临时固定

钢筋网的吊点应根据其尺寸、质量及刚度而定。宽度大于1 m的水平钢筋网宜采用四点起吊。

（5）运输。现场以外加工制作的钢筋网应运输到施工现场，运输过程中，应捆扎整齐、牢固，每捆质量不应超过 2 t。

（6）安装。钢筋网安装时，置于构件下部的钢筋网片应布置水泥砂浆垫块或塑料卡，以保证混凝土保护层厚度准确。置于构件上部的钢筋网片应在上层钢筋网片的下面设置钢筋撑脚或混凝土撑脚，以保证钢筋位置的正确，如图 4—55 所示。钢筋撑脚的布置宜每隔 1 m 放置一个。

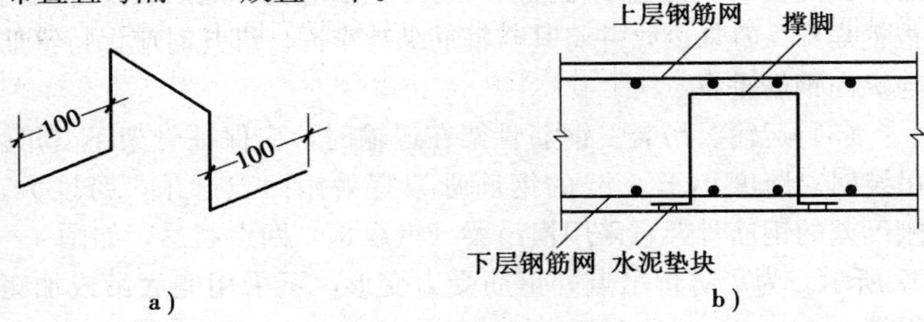

图 4—55　钢筋撑脚

a）钢筋撑脚　b）撑脚位置

6. 钢筋骨架的绑扎与安装

为了加快施工进度，对于形状比较规整、型号相同且同型号构件数量较多的构件，如梁、柱、桩、杆件等预制构件或现浇构件，可以采用先加工制作钢筋骨架后安装的施工方法。

如图 4—56 所示圈梁的钢筋骨架，如果采用先预制后安装的施工方法，则可以按下列步骤进行：

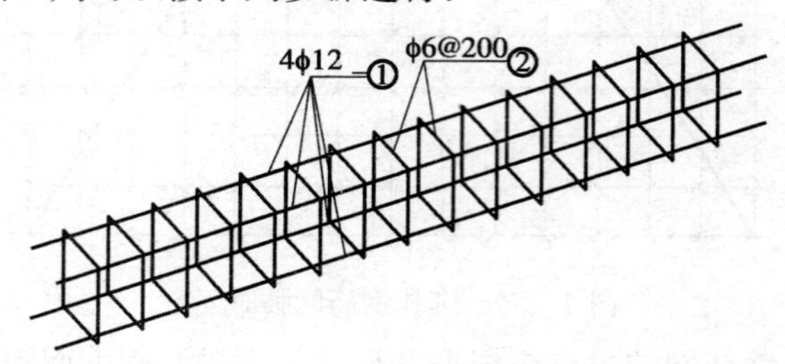

图 4—56 圈梁的钢筋骨架

（1）选用绑扎架。考虑到运输、吊装的方便，圈梁宜分段制作，再到现场搭接。分段长度应根据实际情况而定，一般不宜超过 6 m。

绑扎架的选用根据骨架的质量可选如图 4—43 所示的绑扎架。

（2）绑扎骨架。首先将上部的两根①号钢筋搁在两个绑扎架的横梁上，并在①号钢筋上画出箍筋的位置线；然后套入②号箍筋，按照箍筋的位置线将箍筋与①号钢筋绑扎；之后将下部的两根钢筋穿入箍筋内，并将其与箍筋绑扎牢固。绑扎时应保持箍筋与纵向钢筋垂直。

（3）运输、吊装。钢筋骨架在运输时，应保证骨架不变形。吊装时，跨度小于 6 m 的钢筋骨架宜采用两点起吊，跨度大、刚度差的钢筋骨架宜采用横吊梁（铁扁担）四点起吊，如图 4—57 所示。为了防止吊点处钢筋受力变形，可采用兜底吊或加短钢筋。

（4）安装。吊装就位时，应保持相邻段的搭接长度，调整就位后，可选用叠接法和扣接法绑扎起来形成连续整体骨架。

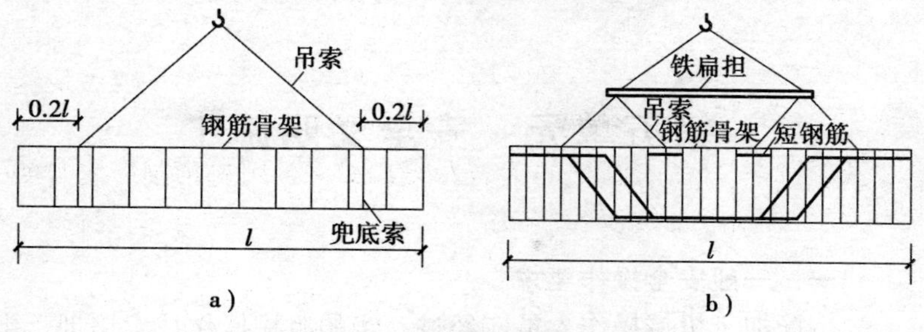

图 4—57　钢筋骨架的绑扎起吊

a）两点绑扎　b）采用铁扁担四点绑扎

第五单元　安全文明施工

一、一般安全操作要求

钢筋加工机械操作人员应经过一定的机械操作技术培训，掌握力学性能和操作规程后才能上岗。

1. 钢材、半成品等应按规格、品种分别堆放整齐，制作场地要平整，工作台要稳固，照明灯具必须加网罩。

2. 拉直钢筋，卡头要卡牢，地锚要结实牢固，拉筋 2 m 区域内禁止行人。按调直钢筋的直径，选用适当的调直块及传动速度，经调试合格方可送料，送料前应将不直的料头切去。

3. 展开的圆盘钢筋要一头卡牢，防止回弹，切断时要先用脚踩紧。

4. 采用人工断料时，工具必须牢固。拿錾子和打锤的人要站成斜角，注意扔锤区域内的人和物体。切断小于 30 cm 的短钢筋时，应用钳子夹牢，禁止用手把扶，并在外侧设置防护笼罩。

5. 多人合运钢筋时，起、落、转、停动作要一致，人工上下传送不得在同一垂直线上。钢筋堆放要分散、稳当，以防止塌落。

6. 在高空、深坑绑扎钢筋和安装骨架时，须搭设脚手架和马道。绑扎立柱、墙体钢筋时，不准站在钢筋骨架上和攀登骨架上下。柱在 4 m 以内的，若重量不大，可在地面或楼面上绑扎。整体柱在 4 m 以上的，应搭设工作台。柱梁骨架应用临时支撑拉牢，以防倒塌。

7. 绑扎基础钢筋时，应按施工设计规定摆放钢筋支架或用马凳架起上部钢筋，不得任意减少支架或马凳。

8. 绑扎高层建筑的圈梁、挑檐、外墙、柱边钢筋时，应搭设外挂架或安全网。绑扎时挂好安全带。

9. 起吊钢筋骨架时，下方禁止站人，必须待钢筋骨架降落到离地面 1 m 以内时方准靠近，就位支撑好方可摘钩。

10. 冷拉卷扬机前应设置防护挡板，没有挡板时，应就卷扬机与冷拉方向成 90°，并且应用封闭式导向滑轮。操作时要站在防护挡板后，冷拉场地不准站人和通行。

11. 冷拉钢筋要上好夹具，离开后再发出开车信号。

12. 冷拉和张拉钢筋要严格按照规定应力和伸长率进行，不得随便变更。不论拉伸或放松钢筋，都应缓慢均匀，发现油泵、千斤顶、销卡异常时，应立即停止张拉。

13. 张拉钢筋时，两端应设置防护挡板。钢筋张拉后要加以防护，禁止压重物或在上面行走。浇灌混凝土时，要防止震动器冲击预应力钢筋。

14. 张拉千斤顶支脚必须与构件对准，放置平整，测量拉伸长度、加楔和拧紧螺钉应先停止拉伸，并站在两侧操作，以防止钢筋断裂，回弹伤人。

15. 同一构件有预应力和非预应力钢筋时，预应力钢筋应分两次张拉，首先拉至控制应力的 70%～80%，待非预应力钢筋绑好后，再张拉到规定应力值。

16. 机械运转正常后方准断料。断料时，手与刀口距离不得少于 15 cm，活动刀片前进时禁止送料。

17. 切断钢筋的刀口不得超过机械负载能力，切低合金钢等特种钢筋时，要用高硬度刀件。

18. 切长钢筋应由专人扶住，操作时动作要一致，不得任意拖拉。切短钢筋时须用套管或钳子夹料，不得用手直接送料。

19. 切断机旁应设放料台，机械运转中严禁用手直接清除刀口附近的断头和杂物。在钢筋摆放范围内，非操作人员不得停留。

20. 钢筋机械上不准堆放物件，以防由于机械振动，物件落入机体。

21. 将钢筋调直，钢筋装入压滚，手与滚筒应保持一定距离。机器运转中不得调整滚筒。

22. 将钢筋调直到末端时，人员必须躲开，以防甩开伤人。

23. 短于 2 m 或直径大于 9 mm 的钢筋调直时，应低速加工。

24. 钢筋调直，钢筋要紧贴内挡板，注意放入插头的位置和回转方向不得错开。

25. 弯曲长钢筋时，应由专人扶住，并站在钢筋弯曲方向的外面，互相配合，不得拖拉。

26. 调头弯曲时要防止碰撞人和物，更换芯轴、加油和清理须停机后进行。

27. 焊接钢筋时，焊机应设在干燥的地方，平衡牢固，要有可靠的接地装置，导线绝缘良好，并在开关箱内装有防漏电保护的空气开关。

28. 焊接操作时应戴防护眼镜和手套，并站在橡胶板或木板上。工作棚要用防火材料搭设，棚内严禁堆放易燃易爆物品，并备有灭火器材。

29. 对焊机接触器的接触点、电机要定期检查修理，冷却水管要保持畅通，不得漏水和超过规定温度。

30. 钢筋严禁碰、触、钩、压电源电线和电缆。

31. 钢筋机械作业后必须拉闸切断电源，锁好开关箱。

二、冷拉与张拉

1. 用卷扬机冷拉前应设置防护挡板，没有挡板时，应将卷扬机与冷拉方向成 90°角并采用封闭式导向滑轮。操作时要站在防护挡板后，冷拉场地不准站人和通行。

2. 冷拉钢筋要上好夹具，人离开后再发出开车信号。发现滑动或其他问题时，要先行停车，放松钢筋后，才能进行检查修理及重新操作。

3. 冷拉和张拉钢筋要严格按照规定应力和伸长率进行，不得随便变更。无论是拉伸还是放松钢筋，都应该缓慢均匀地进行。发现油泵、千斤顶、弹簧秤、锚卡具有异常时，应停止张拉。

4. 张拉钢筋时，两端应设置防护挡板，钢筋张拉后要加以保护，禁止压重物或在上面行走。浇灌混凝土时，要防止直接冲击预应力钢筋。

5. 在测量钢筋的伸长度或加楔、拧紧螺栓时应站在钢筋两侧操作，并停止卷扬机或千斤顶拉伸操作，以防止钢筋断裂，回弹伤人。采用电热张拉时，若带电操作，应做好绝缘保护和防触电措施。

6. 进行冷拉或张拉工作时要由专人指挥。

三、文明施工

1. 安全防护措施

（1）所有施工人员必须进行入场教育，并经考试合格后上岗。

（2）施工现场严禁穿高跟鞋、拖鞋、带钉易滑鞋，并戴好安全帽。

（3）高空作业人员必须定期进行体格检查。

（4）作业人员必须持证上岗。

（5）分部（子分部）、分项工程应做好有针对性的安全技术交底工作，并签字齐全。

（6）在基坑上方开挖的同时，距坑边设置 1.2 m 高的两道护身栏（每隔 0.6 m 一道），并刷红白油漆标志，挂标志牌，砖砌挡土墙高出室外地坪 30 cm，以防地表水流入基坑。

（7）上、下基坑搭设人行马道。

（8）脚手架搭设符合规范标准。

（9）楼梯扶手、坡道边侧从上到下用钢管做 1.2 m 高的两道护栏，刷红白油漆。

(10) 预留洞超过 15 cm×15 cm 者加盖防护栏，上铺盖竹胶板，周围用水泥砂浆抹缝，统一编号。

(11) 梁、柱绑筋、立模以及浇筑混凝土用临时脚手架，凡高度超过 3.0 m 者，要设 1.0 m 宽操作台并设两道护栏，高度不低于 1.0 m，平台脚手板满铺，禁止出现探头板、飞跳板，脚手板间不得有空隙。

(12) 施工人员严禁从高处投掷杆件、物体、材料、扣件及其他物品。

(13) 所有内、外脚手架搭设完成后，必须验收合格后方可使用，任何人未经许可，严禁拆改架子。

(14) 严禁攀登架子上、下作业面。

(15) 用提升机运物时，严禁在吊篮下逗留。东西侧搭设防护棚时采用钢管搭设，挂好警告标志。

2. 临时用电措施

(1) 现场供电电源容量必须满足施工要求。

(2) 现场供电线路敷设必须按照《施工组织设计》平面图路线要求走向敷设。

(3) 临时用电电缆及配电箱沿基槽边缘直埋、敷设式吊挂，所有电闸箱统一编号，外涂安全标志，箱内无杂物，箱门上锁，箱内贴好电路图，由专人负责。

(4) 所有配电箱、开关均设漏电保护器。

(5) 现场内电源线不得乱接、乱拉、乱扯。

(6) 电焊机置于电焊棚内，一、二次接线处设防护罩，焊完把线及时收回，拉线时避开钢筋等硬物，以防破损。

(7) 各部位临时用电安装必须符合施工临时用电的有关规定，非专业人员严禁随意拆改接线。

(8) 现场每班不少于 2 名暂设电工，并持证上岗。

(9) 操作时必须戴好绝缘防护用品。

3. 机械安全措施

（1）提升机基础严格按有关规定要求施工，及时办理验收手续，并定期进行检查维护。

（2）机械设备传动外露部分加设必要防护罩。

（3）混凝土输送泵、钢筋加工机、木工机械等由专人操作，专人负责，及时检修，所有机械不得处于带病运行状态。

（4）特殊工种作业人员必须持证上岗，并佩戴相应劳动保护用品，严禁酒后操作及违章操作。

4. 安全文明施工

（1）施工现场采用封闭式施工方式，做现场围挡。

（2）施工现场设置施工标牌，标牌内容包括：工程名称、建筑面积、建设单位、设计单位、监理单位、施工单位、工地负责人、开工日期、竣工日期。

（3）施工现场内大门两侧设置施工平面布置图、安全计数牌、施工现场管理体系牌、安全管理生产制度板、消防保卫管理制度板、场容卫生环保制度板。

（4）现场搭设各种临时设施的材质必须符合要求，食堂、仓库为砖砌墙体，室内高度不低于 2.8 m，采取防漏防潮措施，外观整齐美观。

（5）现场内施工道路进行硬化处理，做好排水坡度，并保持消防道路畅通无阻。

（6）进入场内的一切材料必须按现场管理平面图指定位置一次性放置到位，各类材料分类码放，按标准要求挂牌，控制高度符合要求，保持现场材料整齐统一。

（7）建筑物内、外的零散料要及时清理，施工及生活垃圾要分开堆放，及时外运，做到活完场清。

（8）楼梯、休息平台、通道等处严禁堆放材料和其他物品，进场的成品采取相应的保护措施。

（9）在现场周围做好排水措施，西侧设置沉淀池，沉淀池接入市政管线，并定期排放。

（10）施工现场设置临时厕所，经过化粪池接入院内污水管线。

（11）施工区、办公区设标牌划分，卫生责任区做到分片包干，责任到人。

（12）健全管理体系，项目经理全面负责，加强现场管理，定期组织检查，完善内部档案资料，确保文明施工。

5. 环境卫生措施

（1）现场设封闭垃圾站，集中堆放生活及施工垃圾。

（2）办公室实行轮流值班，每天清扫，保持室内清洁，窗明地净。

（3）不许在施工现场随地大、小便，厕所墙壁、屋顶要严密，门窗要齐全，并设专人管理，经常冲洗，防止蚊蝇孳生。

（4）伙房及时办理卫生许可证、炊事人员健康证和卫生知识培训证，工作人员上岗必须穿戴整洁的工作服、帽，个人卫生做到“四勤”。伙房内无蝇、无鼠、无蛛网，保持炊具卫生，杜绝食物中毒事件。

（5）设立一台茶炉，保证开水供应，做到不喝生水。

（6）宿舍区、加工厂、办公室冬季取暖安全必须验收合格后方可使用。

6. 料具管理措施

（1）建筑物内、外存放的各种物资要分类别、规格码放整齐，符合其具体要求。

（2）对于水泥、五金、水暖管件、电气安装用品等必须入库保管，库房必须防雨、防潮，针对特殊材料特殊处理。

（3）贵重物品及时入库，易燃、易爆品设专库保管。

（4）水泥库内外的散落灰必须及时清运。

（5）现场内做到无废弃砂浆和混凝土。

（6）砖或砌块成丁、砂石和散料成堆，随用随清，不留料底。

(7) 钢材、木材等料具合理使用，优材不劣用。

(8) 现场工人操作做到活完、料净、脚下清。

(9) 现场施工垃圾集中堆放，及时分拣、回收、清运。

(10) 现场余料、包装容器及时回收，堆放整齐。

(11) 现场必须节约用水、用电，做到无长流水、长明灯。

(12) 严格管理各种材料，进出场必须检测认证，手续齐全。

(13) 实行限额领料，领、退料手续齐全。

(14) 所有材料管理人员必须熟悉和掌握各种材料技术标准。

7. 环境保护措施

(1) 成立施工现场环境保护组织机构，建立相应有效的环境保护自我保证体系和环保信息网络，并进行监控。

(2) 土方开挖期间，所有开挖机械和运输机械操作时间控制在早6：00至晚22：00之间（如必须夜间施工，须经有关部门批准后运行），土方运输车辆出场前，车斗必须覆盖，同时将土方拍实，并派专人清理车辆槽帮和车轮上的散土，避免行驶过程中道路遗撒。运土沿途还需派专人将道路遗撒土方及时清理干净。

(3) 现场临时食堂及职工食堂均采用环保蜂窝煤，场内严禁熬沥青和烧杂物，以免污染大气。

(4) 职工生活区内食堂设简易隔油池，污水经过滤、沉淀、隔油后排入市政污水管线，职工厕所设专人打扫，并注意排污。

(5) 施工现场提倡文明施工，建立健全控制人为噪声的管理制度，尽量避免人为的大声喧哗。现场所有强噪声机具均应避免夜间施工，如必须夜间浇筑混凝土时，应采用低频振捣棒，最大限度地降低噪声，结构施工阶段昼间控制在70 dB以下，晚间控制在55 dB以下，并经常进行噪声监测。木工电锯、电刨搭设封闭式木工房，并尽量远离居民区，机具运行时将门窗以盖布封闭，以最大限度地减少扰民。

(6) 施工作业面的建筑垃圾要及时清理，现场临时垃圾站内的施工垃圾要及时分拣、及时清运，不得长时间堆积。现场内施工道路及现场周围道路视天气情况，派专人定时或不定时洒水降尘，洒水车采用手推车改装而成。

(7) 做好周围社区居民的工作，通过一定形式形成与社区居民的融洽关系，取得居民的谅解和支持。

8. 消防保卫措施

(1) 现场成立防火领导小组，设立一支义务消防队，定期组织防火工作检查，并做好记录。

(2) 现场设立消火栓，配水龙带、水枪，并设昼夜的明显标志。库房及木工房等重点防火部位，每处布置不少于 5 个 5 kg 干粉灭火器，制定具体防火制度，并有明显标志。

(3) 易燃物品库门前设烟火警告标志，严格领料制度，照明线路安装符合防火要求。

(4) 进行电气焊、喷灯等明火作业时，操作前必须办理用火手续，开用火证，准备可行的措施，由专人看火，并清理周围的易燃物品，各项措施落实后再动工。

(5) 施工现场严禁吸烟，木工房内刨花、锯末随时处理，废料清运到指定地点。

(6) 建筑物内不准随意堆放物料，不准随意在其中居住。对于油类、气类等易燃物，在下班时带出，并放回库房。

(7) 现场东南角大门设经济民警护场，出入现场必须出示证件，变电室等重点部位设专人管理。

(8) 非施工人员不经工地主管领导批准，不得在现场留宿。

(9) 现场严禁赌博、酗酒、卖淫、嫖娼，严禁使用淫秽物品和打架斗殴。

参考文献

1. 建筑施工手册（第四版）编写组．建筑施工手册（第四版）．北京：中国建筑工业出版社，2003

2. 樊锡仁主编．建筑施工安全问答．北京：中国建筑工业出版社，1992

3. 杨旭主编．简明中国职业名称辞典．哈尔滨出版社，1989